네가 있어 나는 멈출 수 없다
(아동판)

네가 있어 나는 멈출 수 없다(아동판)

초판 1쇄 인쇄 · 2013년 1월 9일
초판 1쇄 발행 · 2013년 1월 15일

글쓴이 · 김정민
그린이 · 이미경
펴낸이 · 김미룡
펴낸곳 · 도서출판 푸르름
편　집 · 장운갑
디자인 · 이종헌
마케팅 · 김미룡, 한성호
관　리 · 유명희, 안승철

주　소 · 서울시 은평구 녹번동 156-39번지 2층
전　화 · 02-352-3272 ｜ 02-387-4241
팩　스 · 02-352-3273
이메일 · pullm63@empal.com
등록번호 · 8-246호

잘못된 책은 구입하신 서점에서 교환해 드립니다.
ISBN 978-89-88388-49-5 (73810)

차례

들어가기 전에 …8

1장 그들이 움직이면 전설이 만들어진다

아르헨티나가 고대하던 국민 영웅 …19

전설을 뛰어넘는 기록 파괴자 …28

포르투갈 사상 최고의 스타 …33

너한테만은 질 수 없지 …40

재능은 노력과 결합해야 빛난다 **2장**

로사리오의 명물 꼬마 …49

주사 바늘이 키워낸 황금 발 …56

축구공과 함께 자란 섬마을 소년 …62

열병을 이겨낸 열정 …66

 ## 3장 천재의 이면에는 땀과 눈물이 있다

희망 찾아 삼만 리 …75

굴러 들어온 복덩이를 놓칠 뻔한 바르셀로나 …81

나는 돌아가지 않겠습니다 …86

어느 별에서 왔니 …93

힘겨운 홀로서기 …98

외톨이에서 팀의 중심으로 …102

일곱 번 넘어지면 여덟 번 일어난다 4장

내 조국은 아르헨티나입니다 ··· 111
철인이 된 유리 몸 ··· 116
이제 대표팀에서 웃을 차례 ··· 122
두 번의 EPL 도전 실패, 그리고 맨유와의 만남 ··· 127
아버지의 이름으로 ··· 134
야유를 환호로 바꿔 놓은 집념 ··· 140
희망과 용기의 전도사 ··· 146

| 들어가기 전에 |

　2012년 10월 8일, 바르셀로나 캄프 누 경기장에 전 세계 축구 팬들의 눈과 귀가 쏠렸습니다. 세계 최고 축구 선수 자리를 놓고 팽팽한 경쟁을 벌이고 있는 FC 바르셀로나의 리오넬 메시와 레알 마드리드의 크리스티아누 호날두가 맞붙었기 때문입니다.

　그러나 이날 바르셀로나와 레알 마드리드는 2 대 2로 승부를 가리지 못하고 비기고 말았습니다. 메시와 호날두도 마찬가지였습니다. 각 팀이 넣은 두 골은 모두 메시와 호날두가 뽑아냈습니다.

　호날두가 골을 넣으면 뒤질세라 메시가 넣고, 메시가 골을 넣으면 또 연이어 호날두가 상대 골네트를 갈랐습니다. 두 사람이 맞대결에서 나란히 '멀티 골(한 경기에서 2골 이상을 득점하는 것)'을 기록한 첫 경기였습니다.

주제 무리뉴 레알 마드리드 감독은 경기가 끝난 후 "해마다 투표로 세계 최고 선수 한 명을 뽑는 것이 과연 필요한 일인가 하는 생각이 든다."며 메시와 호날두 중 누가 더 뛰어난지 가린다는 것은 의미가 없다고 말했습니다. 그러고는 "두 사람 모두 외계에서 온 것이 틀림없다."고 하며 메시와 호날두는 모두 다른 선수와는 차원이 다른 경지에 올라 있다고 말했습니다.

'메시와 호날두 중 누가 최고의 선수인가.'에 대한 논쟁은 5년이 넘도록 이어지고 있습니다. 그러나 좀처럼 결론이 나지 않고 있습니다. 두 사람의 경쟁은 마치 시소 놀이와 같습니다. 한쪽이 올라가면 다음 차례에는 어김없이 반대쪽이 올라갑니다.

운동선수에게는 '슬럼프'라는 것이 있습니다. 평소의 자기 모습과는 다르게 자기가 가지고 있는 실력을 마음껏 펼치지 못하며 제대로 경기를 치르지 못하는 기간이 길어지는 경우를 말합니다. 축구 선수, 그중에서도 메시와 호날두 같은 공격수는 부상 같은 특별한 이유가 없이 오랫동안 골을 넣지 못하는 경우가 슬럼프에 해당합니다.

뛰어난 선수라도 슬럼프에 빠지면 오랫동안 고생을 합니다. 본인도 원인을 모르니 당황스러울 수밖에 없습니다. 훌륭한 선수일수록 지독한 슬럼프를 겪는 일이 많습니다. 주위의 기대치가 워낙 높은 탓에 거기에 맞추기가 쉽지 않은 것입니다.

스페인 대표팀의 공격수 페르난도 토레스(첼시) 같은 선수가 지독한 슬럼프로 심한 마음고생을 한 대표적인 경우입니다.

토레스는 세계 최고의 선수 중 하나로 꼽혔습니다. 2008년 유럽선수권(유로 2008) 결승전에서 독일을 상대로 결승골을 터트리며 스페인에 우승을 안겼고 리버풀에서 활약하던 2007~2008시즌에는 잉글랜드 프리미어리그 33경기에서 24골을 뽑아내는 결정력을 뽐냈습니다. 하지만 토레스는 2010년 1월 현재 소속 팀인 첼시로 옮긴 후 원인 모를 슬럼프에 빠졌습니다. 2010~2011시즌 첼시 유니폼을 입고 나선 18경기에서 1골밖에 넣지 못했습니다. 2011~2012시즌에도 잉글랜드 프리미어리그 32경기에서 6골에 그쳤습니다. 슬럼프가 2년 넘도록 이어진 것입니다.

토레스는 최근 "슬럼프가 길어졌을 때는 축구에 대한 열정이 뚝 떨어지기까지 했다."고 고백하기도 했습니다.

하지만 메시와 호날두는 슬럼프라는 것을 모르고 지냅니다. 무리뉴 감독이 '외계인'이라고 표현할 만도 합니다. 한 사람이 좋은 활약을 펼치면 다른 사람이 곧바로 뒤지지 않을 정도의 좋은 모습을 보입니다. 슬럼프에 빠지기는커녕 해가 갈수록 많은 골을 터트리며 전 세계 축구 팬들

을 놀라게 하고 있습니다.

 메시와 호날두의 라이벌 경쟁은 2009년, 호날두가 현재 활약하고 있는 레알 마드리드로 팀을 옮기며 더욱 뜨거워졌습니다. 따로 설명하겠지만 바르셀로나와 레알 마드리드는 '개와 고양이' 같은 사이입니다. 양 팀의 대결은 전쟁 같은 분위기에서 치러지는 것으로 유명합니다.

 이후에 두 사람은 해를 거듭할수록 많은 골을 터트리고 있습니다. 인간의 한계가 어디까지인지를 시험하는 듯한 모습입니다. 축구 만화나 게임에서도 어려울 것 같은 기록을 이들은 차곡차곡 쌓아 나가고 있습니다.

 아래는 2009~2010시즌 이후 메시와 호날두의 시즌별 성적입니다. 이런 기록을 만들어낼 수 있다는 것이 놀라울 따름입니다.

◆ 메시, 호날두 시즌별 득점 기록

메시	시즌	호날두
53경기 47골	2009~2010	35경기 33골
55경기 53골	2010~2011	54경기 53골
60경기 73골	2011~2012	55경기 60골

 축구 선수로서 메시와 호날두는 전 세계를 통틀어 최고로 꼽힙니다.

최고 수준의 선수들이 시즌을 거듭할수록 발전하는 모습을 보이는 것은 정말 대단한 일입니다.

　메시와 호날두가 이처럼 쉼 없는 발전을 계속 이어가는 것은 서로의 존재 때문이라고 생각됩니다. 달리기를 할 때 누군가 옆에서 나와 비슷한 속도로 뛰고 있으면 지지 않기 위해 옆에 있는 사람만큼 속도를 내게 됩니다. 메시와 호날두가 서로에게 이런 역할을 하고 있는 셈입니다. 이 책의 제목이 '네가 있어 나는 멈출 수 없다'가 된 것은 이런 이유 때문입니다.

　메시는 호날두, 호날두는 메시가 있는 한 결코 마음을 늦출 수 없습니다. 잠시라도 마음을 놓는 순간 상대가 멀리 달아나고 말 테니까요. 모든 사람들은 두 사람의 관계를 라이벌로 보고 있지만 그보다 동반자라는 표현이 더 어울릴지 모르겠습니다. 서로의 존재 때문에 긴장을 늦추지 않고 집중력을 발휘할 수 있기 때문입니다.

　메시는 2012년 8월 아르헨티나의 한 신문과 인터뷰에서 호날두에 대한 질문을 받고 다음과 같이 대답했습니다.

　"호날두와 특별한 관계에 있다고 생각하지는 않아요. 저는 호날두와 싸우기 위해 경쟁하는 것이 아니니까요. 바르셀로나가 우승을 차지할 수 있도록 최선을 다하는 것뿐입니다. 호날두와 친한 사이는 아니지만

존중하는 선수입니다."

호날두도 이렇게 말한 적이 있습니다.

"메시와 저를 비교하는 일은 지금으로서는 의미가 없습니다. 저희가 은퇴를 한 이후에나 비교가 가능하겠지요. 하지만 어느 한 쪽이 더 낫다는 판정은 그때도 내릴 수 없을 겁니다. 저를 좋아하는 사람도 있고 메시를 좋아하는 사람도 있을 테죠. 서로 다른 두 자동차를 비교하는 것과 같습니다. 자동차는 각각의 특징이 있고 서로 다른 엔진을 갖고 있죠. 사람들은 원하는 쪽을 선택할 뿐입니다."

호날두의 말처럼 두 사람은 각자 다른 강점을 가지고 있습니다.

호날두는 헤딩력과 슈팅에서 메시에 앞섭니다. 186.5cm의 큰 키에 1m에 가까운 폭발적인 점프력과 헤딩으로 많은 골을 넣습니다. 골문으로부터 40m 넘는 거리에서 골을 성공시킬 수 있는 '미사일 슈팅'을 날릴 수 있다는 것도 호날두의 장점입니다. '무회전 프리킥'도 메시가 따라 할 수 없는 호날두만의 장기입니다. 문전으로 돌진할 때의 순간 스피드는 웬만한 육상 단거리 선수보다 빠릅니다. 오른발잡이지만 왼발도 오른발 못지않게 잘 사용합니다. 축구에서 양발을 다 쓰는 선수는 한 쪽 발만 사용하는 선수에 비해 유리한 점이 굉장히 많습니다.

메시의 드리블은 세계 최고입니다. 공을 잡고 뛰기 시작하면 막아낼 재간이 없습니다. 오죽하면 아스널(잉글랜드) 감독 아르센 벵거는 "메시에게 공이 일단 가면 막아내는 것은 불가능하다."고까지 얘기했을까요.

1998년 프랑스 월드컵에서 프랑스를 우승으로 이끌었던 지네딘 지단은 "메시를 막을 수 있는 방법은 그의 발을 끈으로 묶어두는 수밖에 없는 것 같다."고도 말했습니다. 메시가 드리블을 할 때 공은 그의 발에서 30cm 이상 벗어나는 법이 없습니다.

메시는 자신이 골을 넣을 뿐 아니라 동료에게 기회를 만들어주는 능력도 뛰어납니다. 2010년 남아프리카공화국 월드컵에서 메시는 한 골도 넣지 못했지만 동료들에게 많은 골 기회를 만들어주며 찬사를 받았습니다. 우승을 차지했던 스페인 대표팀의 비센테 델보스케 감독은 "최우수 선수상은 당연히 메시가 받아야 한다. 그는 경기마다 최소 10번이 넘는 득점 기회를 동료들에게 만들어줬다."고 말했습니다.

이렇게 다른 특징을 지니고 있는 두 사람이지만 비슷한 점도 많습니다. 근면하고 성실하며 어렸을 때부터 지독한 연습 벌레였고 경기장에 나서면 무서운 집념을 불사르는 점은 빼다 박았다고 할 정도로 같습니다. 어려움을 만나도 결코 포기하는 법이 없었고 축구 선수로 성공하는 꿈을 위해 안락함을 포기하고 단 한 순간도 나태해지지 않았다는 점도 같습니다. 스스로에게 엄격했고 자신과의 약속을 결코 저버리지 않았다는 점도 메시와 호날두의 공통점입니다.

메시와 호날두의 성공 신화는 꿈이 있다면 땀을 흘려야 하고 시련이 닥쳐도 포기하지 않고 참고 견디면 언젠가 꿈이 현실에서 이루어지기 시작한다는 것을 우리에게 보여줍니다.

가장 중요한 것은 그들이 그 누구보다 뜨거운 열정과 축구에 대한 사랑을 지니고 있었다는 점입니다. 사람들은 그들을 천재라고 부르지만 재능을 살릴 수 있는 노력이 없었다면 그들은 평범한 선수가 됐거나 운동장을 누비는 대신 TV로 레알 마드리드와 바르셀로나의 경기를 지켜보고 있을지 모릅니다.

이제부터 그들의 열정이 작고 힘없는 시골 마을 소년들을 어떻게 세계 최고의 축구 영웅으로 만들었는지에 대해 알아보겠습니다.

1장
그들이 움직이면 **전설**이 만들어진다

리오넬 메시 VS 크리스티아누 호날두

아르헨티나가
고대하던 국민 영웅

　아르헨티나는 남아메리카 대륙에 있는 큰 나라입니다. 부에노스아이레스를 수도로 하는 이 나라는 탱고라는 음악과 팜파스라는 대초원 지대에서 나는 풍부한 곡식과 축산물로 유명합니다.

　그러나 이보다 더 유명한 것은 축구입니다. 축구는 아르헨티나의 상징과 같습니다. 온 나라 국민들이 축구에 열광합니다. 부에노스아이레스를 연고로 하는 프로축구팀 보카 주니어스와 리버 플라테의 맞대결은 세계적으로 유명한 라이벌전입니다.

　아르헨티나는 1978년 자신들이 개최한 월드컵에서 우승을 차지했습

니다. 마리오 켐페스라는 선수가 6골을 터트리며 팀을 우승으로 이끌어 국민적인 영웅이 됐습니다. 이웃 나라인 브라질이 1958년과 1962년 그리고 1970년, 세 번이나 월드컵에서 우승한 반면 아르헨티나는 그 못지않은 축구 강국이면서도 이때까지 월드컵에서 정상에 오른 적이 없었기에 국민들의 기쁨은 엄청났습니다.

이어서 1986년 멕시코 월드컵에서 아르헨티나 국민들이 '축구의 신'으로 우러르는 선수가 나타났습니다. 이 선수는 아르헨티나 국민들뿐 아니라 전 세계 축구 팬들의 눈길을 사로잡는 환상적인 플레이를 펼쳤습니다. 바로 디에고 아르만도 마라도나입니다. 2010년 남아프리카공화국 월드컵에서는 아르헨티나 대표팀의 감독을 맡기도 했습니다.

그는 여러분의 아버지 세대라면 축구에 관심이 있건 없건 누구나 다 알고 있을 정도로 유명합니다. 멕시코 월드컵에서 5골을 터트리며 아르헨티나의 우승을 이끌었고 최고 선수에게 주는 골든볼을 차지했습니다. 유럽 클럽 무대에서도 대단한 활약을 펼쳤습니다. 나폴리는 이탈리아 프로축구 리그인 세리에 A에서 바닥을 헤매던 팀입니다. 그러나 마라도나가 이 팀으로 옮긴 이후 이탈리아는 물론 유럽 챔피언에까지 올랐습니다. 아르헨티나가 배출한 인물 중에 세계적으로 가장 이름을 떨친 사람이라고 생각하면 틀림없습니다.

이탈리아의 나폴리와 아르헨티나에는 마라도나를 신으로 받들어 모시고 예배를 올리는 '마라도나교'라는 종교가 있을 정도입니다. '축구의 신'이라는 제목으로 그의 삶을 다룬 다큐멘터리 영화까지 만들어졌습니다.

이 마라도나의 전설에 도전하고 있는 후계자가 바로 리오넬 메시입니다.

메시와 마라도나는 여러 점에서 비슷합니다.

메시는 세계적인 유명세를 처음 얻었을 때 '제2의 마라도나'라고 불렸는데 같은 아르헨티나 출신에 왼발잡이, 170cm가 안 되는 작은 키, FC 바르셀로나에서 선수 생활을 한다는 점 등 여러 가지 공통점이 있기 때문입니다.

마라도나는 자존심이 강하기로 유명합니다. 브라질의 축구 황제로 유명한 펠레마저 우습게 볼 정도입니다. 이렇게 자존심 강한 마라도나도 메시만큼은 인정합니다. 그는 어느 날 "저와 펠레 가운데 누가 뛰어난가에 관한 이야기는 메시가 월드컵에서 우승하는 순간 사라지게 될 겁니다."라고 말했습니다.

메시는 2006년 독일 월드컵과 2010년 남아프리카공화국 월드컵에 출전했습니다. 그러나 아르헨티나는 8강에 머물렀고 메시는 사람들이 기대한 만큼의 활약을 보이지는 못했습니다. 메시를 헐뜯는 사람들은 항상 "메시가 최고라고? 월드컵에서 우승은커녕 4강에도 오르지 못했는데 그런 말을 들을 자격이 있을까?"라고 말합니다.
　하지만 월드컵 우승컵 없이도 이미 메시가 마라도나를 넘어섰다고 평가하는 사람도 있습니다. 독일의 프란츠 베켄바워는 '카이저(황제)'라는

별명으로 불리는 축구 영웅입니다. 선수와 감독으로 모두 월드컵 우승을 경험했고 2006년 독일이 월드컵을 유치하고 성공적으로 치르는 데 결정적인 역할을 했습니다.

베켄바워는 2012년 3월 메시가 레버쿠젠(독일)과의 유럽축구연맹(UEFA) 챔피언스리그 경기에서 5골을 넣자 "제 생각에 메시는 마라도나와 보비 찰턴(잉글랜드의 축구 전설)을 합해 놓은 선수 같습니다."라고 말했습니다.

첼시(잉글랜드)에서 뛰고 있는 프랭크 램퍼드는 2012년 4월 바르셀로나와의 경기를 앞두고 이런 말을 했습니다.

"저는 마라도나를 우상으로 삼고 자랐습니다. 그를 보면서 축구에 대한 꿈을 키웠고 그런 선수가 되기 위해 노력했습니다. 그러나 메시는 마라도나보다 더 높은 수준에 올라선 것 같습니다. 그는 가끔 누구도 한 적이 없었던 플레이를 펼칩니다. 메시는 진정한 최고 선수입니다."

메시가 바르셀로나에서 이룬 다음 성과를 살펴보면 사람들이 이렇게 메시를 칭찬할 법도 합니다. 너무나 많지만 새롭게 세운 기록만 보아도 다음과 같습니다.

◆ 유럽축구연맹 챔피언스리그 4연속 득점왕(2008~2012, 세계 최초)
◆ 유럽 리그 한 시즌 최다 골 신기록(2011~2012, 73골)
◆ 국제축구연맹(FIFA) 발롱도르 3회 연속 수상(2010, 2011, 2012, 세계 최초)
◆ 스페인 프리메라리가 한 시즌 최다 골(2011~2012, 50골)
◆ 2008~2009 유럽 축구 트레블(프리메라리가, UEFA 챔피언스리그, 스페인국왕컵 동시 우승, 스페인 최초)

메시는 아르헨티나 대표팀에서도 월드컵 우승을 제외하고는 마라도나의 기록을 넘어설 태세입니다.

2009년과 2010년, 그리고 2011년에는 아르헨티나 대표팀에서 좋은 모

습을 보이지 못했지만 2012년에는 그야말로 눈부신 활약을 펼치고 있습니다.

바르셀로나에서보다 대표팀에서 더욱 위력적인 골 행진을 펼치고 있습니다. 2012년 대표팀 유니폼을 입고 나선 9경기에서 12골이나 넣었습니다. 해트트릭(1경기 3골)을 두 번이나 기록하며 대표팀 주장으로서 늠름한 모습을 보이고 있습니다.

메시는 대표팀에 뽑힌 이후 75경기에서 31골을 기록하고 있습니다. 곧 마라도나가 아르헨티나 대표팀에서 넣은 골(34)을 넘어설 것으로 보입니다.

메시의 활약이 더욱 빛나는 이유는 이렇게 뛰어난 성적에도 불구하고 항상 스스로를 낮춘다는 점입니다.

메시는 스스로 항상 이렇게 말합니다.

"마라도나와 비교요? 당치 않습니다. 그는 이름만으로도 아르헨티나 국민의 영웅이고 제가 가장 존경하는 사람입니다. 제가 자신과 비교되고 있다는 얘기를 마라도나가 듣는다면 기분 나빠할 것 같군요. 저도 부끄러워질 뿐이니 그런 말을 듣지 않았으면 합니다."

메시는 전 세계 축구 대표팀 감독과 주장들의 투표로 뽑는 FIFA 올해

의 선수를 3년 연속 수상했습니다. 그의 수상 소감은 언제나 비슷합니다. 진심이 담긴 표정으로 겸손하게 말합니다.

"제가 이 자리에 설 수 있는 것은 팀과 동료들 덕분입니다. 그들에게 진심으로 감사합니다. 사랑하는 사람들과 이 영광을 나누고 싶습니다."

처음 상을 받았을 때인 2010년만 해도 너무나도 부끄러워하는 탓에 지켜보는 사람들이 이상하게 생각할 정도였습니다. 2012년 3년 연속 상을 받았을 때는 항상 자신에게 좋은 패스를 해주어 골을 넣을 수 있도록 도와주는 동료 사비 에르난데스에 대한 고마움을 공개적으로 밝혔습니다.

"팀 동료 사비야말로 이 상을 받을 자격이 있는 선수입니다. 오늘 영광을 사비와 함께 나누고 싶습니다."

메시가 진정 뛰어난 점은 경기장 밖에서도 훌륭한 모습을 보인다는 사실입니다. 늘 자신을 낮추고 겸손하며 남을 비난하거나 거드름을 피우지 않습니다. 마라도나와 비교할 때 메시가 진정 빛나는 것은 이 부분일 수 있습니다. 마라도나는 최고의 선수였지만 경기장 바깥에서는 끊임없이 말썽을 피우고 문제를 일으켰습니다.

'벼는 익을수록 고개를 숙인다.'는 속담이 있습니다. 메시가 딱 여기에

해당합니다. 세상 모두가 최고라고 엄지손가락을 치켜들지만 그는 늘 자랑하며 뽐내지 않고 자신을 낮춥니다.

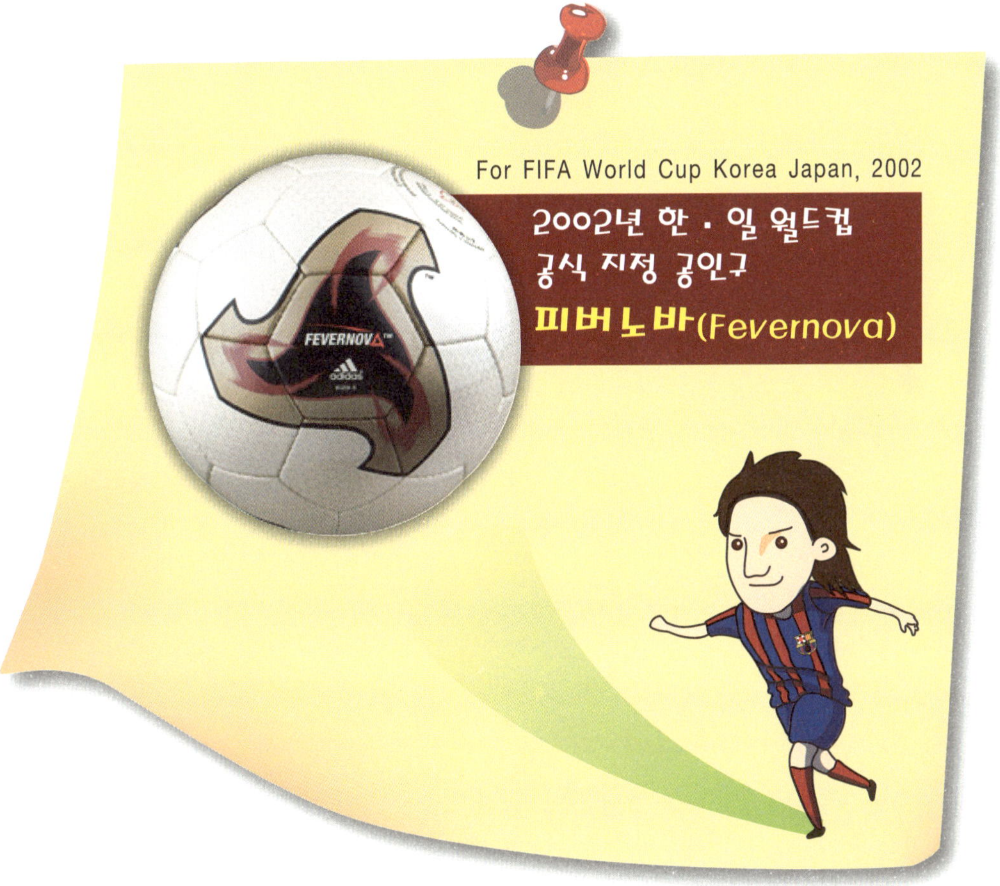
For FIFA World Cup Korea Japan, 2002
2002년 한 · 일 월드컵
공식 지정 공인구
피버노바(Fevernova)
FEVERNOVA

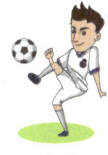

전설을 뛰어넘는 기록 파괴자

펠레라는 이름을 들어보았나요? 역사상 최고로 꼽히는 브라질 출신의 축구 스타입니다. 그의 이름 자체가 축구를 대신한다는 평가를 받을 정도입니다. 1958년 스웨덴 월드컵에서 18세의 나이로 브라질의 우승을 이끈 것을 시작으로 월드컵에서만 세 차례 우승을 차지했고 통틀어 계산해 1,283골을 넣는 믿을 수 없는 기록을 남겼습니다.

그가 얼마나 대단했는지는 뛰어난 활약을 펼치는 선수와 그가 꾸준히 비교되고 있다는 사실에서 확인할 수 있습니다.

일본 축구 대표팀 감독을 맡기도 했던 지쿠는 1980년대 초반 브라질

대표팀의 간판 공격수였습니다. 피부색이 검었던 펠레와 달리 지쿠는 백인이었습니다. 전성기의 펠레를 연상시키는 화려한 플레이와 뛰어난 득점력을 보였던 지쿠에 붙은 별명은 '하얀 펠레'였습니다.

브라질의 마르타는 여자 축구 선수 가운데 가장 뛰어난 경기력을 지닌 것으로 평가되고 있습니다. 그의 별명은 '여자 펠레'입니다.

펠레라는 이름은 축구에서는 신과 같습니다. 누구도 가까이 다가설 수 없는 존재였습니다.

펠레를 뛰어넘는 선수는 나오지 않을 것 같았습니다. 메시가 나타나기 전까지는 말입니다.

메시가 컴퓨터 게임에서나 가능할 것 같은 플레이를 펼치자 사람들은 펠레와 그를 비교하기 시작했습니다. 자부심이 대단한 펠레는 사람들의 평가에 발끈했습니다. 메시가 자신과 비교되는 것 자체를 불쾌하게 여겼습니다. 2010년 펠레는 한 인터뷰에서 다음과 같이 말했습니다.

"메시가 나와 비교되려면 그에 걸맞은 기록을 지녀야 하지 않을까요. 1,283골을 넣고 월드컵에서 세 번 우승하면 메시가 나를 뛰어넘었다고 인정할 수 있습니다."

메시는 자신을 절대로 뛰어넘을 수 없다는 말을 돌려서 표현한 것입

니다.

　그러나 2012년, 메시는 펠레의 입을 다물게 할 만한 기록을 만들어냈습니다. 축구 역사를 통틀어 1년간 가장 많은 골을 터트린 기록을 세운 것입니다. 메시에게 있어 불가능이란 존재하지 않는다는 사실을 다시 한 번 확인시킨 셈입니다.

　한 해 최다 득점 기록에 대해 여러 의견이 있지만 국제축구연맹(FIFA)이 2011년까지 인정한 한 해 최다 득점 기록은 1972년 게르트 뮐러(독일)가 수립한 85골입니다. 뮐러는 바이에른 뮌헨과 서독 대표팀에서 활약하며 이 같은 기록을 세웠습니다. 2위는 1958년 펠레가 기록한 75골입니다. 브라질 대표팀과 산토스에서 활약하며 만들어낸 기록입니다.

　이 기록이 깨지리라고는 아무도 생각하지 못했습니다.

　최근의 축구는 과거에 비해 골을 넣기가 대단히 어렵습니다. 수비 전술이 발달했고 선수들의 체력이 좋아져서 공격수들에게 엄청난 압박을 하기 때문입니다. 뮐러가 세운 기록이 40년간 깨지지 않은 까닭입니다.

　그러나 메시는 펠레와 뮐러의 기록을 가뿐히 뛰어넘었습니다.

　2012년 12월 10일, 레알 베티스와의 스페인 프리메라리가 경기에서 메시는 전반 16분과 25분 차례로 골네트를 가르며 2012년 1월 이후 86번

째 골을 터트렸습니다. 뮐러의 기록이 40년 만에 깨진 것입니다.

뮐러는 이례적으로 성명을 발표해 자신의 기록을 뛰어넘은 메시에 찬사를 보냈습니다. 그는 "세계 최고의 선수가 40년간 유지됐던 제 기록을 깨뜨려 기쁘게 생각합니다. 메시는 믿어지지 않을 만큼 뛰어난 기량을 갖고 있고 겸손하기까지 한 최고의 선수입니다. 앞으로 그의 기록이 40년 넘도록 이어지기를 바랍니다."라고 칭찬을 아끼지 않았습니다.

메시가 더욱 대단한 것은 부상을 딛고 대기록을 만들어냈다는 것입니다.

레알 베티스와의 경기를 4일 앞두고 메시는 벤피카(포르투갈)와의 유럽축구연맹(UEFA) 챔피언스리그 경기에서 무릎을 다쳤습니다. 상대 골키퍼와 충돌한 후 슈팅을 날리다가 중심을 잃고 넘어졌고 왼쪽 무릎을 감싸 쥐고 일어서지 못했습니다. 결국 메시는 고통에 일그러진 표정으로 괴로워하다가 들것에 실려 나갔습니다.

그러자 세계 축구계가 발칵 뒤집어졌습니다. 뮐러의 대기록 경신을 코앞에 두고 부상을 당했기 때문이었습니다. 무릎은 축구 선수에게 생명과도 같은 부위이고 큰 부상을 당하기 쉬운 곳입니다. 근육이나 힘줄이 손상될 경우에는 몇 개월간 경기에 나서지 못할 수도 있습니다.

그러나 메시는 단순한 타박상을 입은 것으로 밝혀졌습니다.

보통 선수들이라면 한 경기 정도 쉬면서 몸 상태를 점검했을 것입니다. 그러나 메시는 두려움 없이 다시 그라운드에 나섰고 최고의 경기력으로 '불가능하다.'고 여겨졌던 벽을 무너뜨렸습니다.

메시가 골을 넣는 것은 더 이상 뉴스가 되지 않고 있습니다. 너무나 당연한 일로 평가되고 있기 때문입니다. 오히려 메시가 경기에 출전해서 골을 넣지 못했다는 것이 화젯거리가 되고 있습니다.

메시는 25세의 나이에 전설을 만들어냈습니다. 축구뿐 아니라 모든 스포츠를 통틀어서도 이렇게 어린 나이에 이토록 대단한 업적을 만들어 낸 선수는 찾아볼 수 없습니다.

펠레는 인정하지 않을지 모르지만 이미 메시는 이전의 모든 전설들을 뛰어넘고 있습니다.

포르투갈 사상 최고의 스타

지난 6월 폴란드와 우크라이나에서는 유럽 축구의 최강 팀을 뽑는 2012 유럽축구 선수권대회가 열렸습니다. 유럽 축구 선수권은 흔히 유로라고 부르고 뒤에 개최연도를 붙입니다. '유로 2012' 같은 식으로요. 지역 예선을 통과한 16개 팀이 우승컵을 놓고 4주간 열전을 펼쳤습니다.

유로 대회는 4년마다 열립니다. 브라질과 아르헨티나를 제외한 세계 축구의 내로라하는 강호들이 빠짐없이 참가해 월드컵에 비금가는 수준을 자랑합니다. 4년마다 열리는 월드컵의 중간 해에 열리기 때문에 세계 축구의 흐름을 짐작해 볼 수 있고 2년 후에 열리는 월드컵에서 어떤 팀

이 강세를 보일지를 예측할 수 있는 터전이 되기도 합니다.

포르투갈의 크리스티아누 호날두는 유로 2012에서 왜 그가 세계 최고의 선수로 불리는지를 확인시켜 주었습니다.

포르투갈은 우승 후보로 꼽힌 네덜란드, 독일 그리고 만만찮은 전력의 덴마크와 같은 조에 속했습니다. 네 팀 가운데 성적이 좋은 두 팀만이 8강에 진출하는 가운데 포르투갈은 독일과의 첫 경기에서 패배했습니다.

호날두는 독일과의 경기에서 기대를 많이 모았지만 부진했습니다. 상대 수비를 좀처럼 떨쳐내지 못했습니다. 덴마크와의 두 번째 경기에서 포르투갈은 3 대 2로 이겼지만 호날두는 이번에도 골을 넣지 못했습니다. 좋은 기회를 두 차례나 놓쳤고 무언가에 쫓기는 사람처럼 안절부절 못했습니다.

이유 없이 누군가를 싫어하는 사람들을 '안티'라고 합니다. 호날두는 팬도 많지만 '안티'도 그 못지않게 많습니다. '호날두 안티'들은 험담을 쏟아냈습니다.

"레알 마드리드에서는 좋은 선수들에 둘러싸여 있으니까 어떻게든 골을 넣을 수 있었겠지. 포르투갈 대표팀에서는 그렇지 못해."

"호날두가 골을 많이 넣기는 하지. 그렇지만 강팀을 상대로는 꼼짝

도 못 해. 언제나 그랬다고. 약팀을 상대로 무더기 골을 터트릴 뿐이라니까."

"중요한 순간에는 항상 조용하지. 진정한 팀의 기둥이라고 할 수 없는 선수야."

그 가운데 호날두의 화를 치밀게 한 것은 덴마크와의 경기 내내 상대 팬들이 자신을 향해 메시의 이름을 외친 것입니다. 호날두가 득점을 올리지 못했으니 덴마크 팬들의 방해 작전은 성공한 셈입니다.

견디다 못한 호날두는 덴마크와의 경기를 마친 후 한마디 했습니다.

"왜 사람들이 저를 향해 메시의 이름을 외치는지 모르겠군요. 메시도 지난해 열렸던 코파 아메리카(4년마다 열리는 남미 축구 최강전. 유로 대회와 같은 성격)에서 골을 넣지 못했고 팀은 8강에 오르는데 그쳤습니다. 결코 잘했다고 할 수 없는 성적이잖아요? 저는 이번 대회에서 적어도 메시보다는 잘할 겁니다."

사람들은 부진이 이어진 호날두가 화가 난 끝에 던진 말로 생각했습니다. 하지만 잘못된 판단이었죠.

호날두는 자신이 했던 말을 보란 듯이 지켜나갔습니다.

네덜란드와의 조별리그 세 번째 경기에서, 포르투갈이 8강에 안전하

게 오르기 위해서는 반드시 승리가 필요했습니다. 포르투갈은 먼저 한 골을 내주며 밀렸습니다. 위기의 순간을 맞아 호날두는 힘을 내기 시작했습니다. 혼자 두 골을 터트리며 2 대 1 역전승을 이끌었습니다. 포르투갈은 8강에 올랐고 결정적인 순간 신들린 듯한 활약으로 팀을 구한 호날두에 전 세계가 열광했습니다.

호날두는 여기에서 멈추지 않았습니다.

포르투갈은 준결승 진출을 놓고 체코와 맞붙었습니다. 관중석에는 호

날두를 응원하기 위해 포르투갈이 배출한 두 사람의 전설적인 스타가 자리했습니다.

한 사람은 올해 일흔 살의 할아버지인 에우제비오. 1966년 잉글랜드 월드컵에서 득점왕에 오르며 포르투갈 축구를 처음으로 세계에 알린 사람입니다. 다른 한 사람은 루이스 피구로 1990년대와 2000년대에 세계 최고 선수로 명성을 떨쳤습니다. 에우제비오가 은퇴한 후 좋은 성적을 내지 못하던 포르투갈은 피구의 힘으로 세계적인 축구 강국으로 올라설 수 있었습니다.

호날두는 두 사람을 실망시키지 않았습니다. 멋진 헤딩 골을 터트려 1대 0 승리를 이끌었습니다.

포르투갈은 준결승에서 스페인에 승부차기에서 져서 결승 진출에 실패했습니다. 그렇지만 누구도 호날두를 비난하지 않았습니다. 오히려 중요한 순간마다 골을 터트려 팀 승리를 이끈 그에게 모두 박수를 보냈습니다.

호날두는 이미 포르투갈이 배출한 최고 축구 스타인 에우제비오와 피

구의 명성을 넘어섰습니다. 축구뿐 아니라 모든 분야를 통틀어서 포르투갈이 배출한 역대 최고 인물이라는 평가까지 있습니다.

틀린 말은 아닙니다. 포르투갈 대통령이 누군지 아는 사람은 별로 없습니다. 그러나 호날두라는 이름은 축구에 조금이라도 관심이 있는 사람이라면 모를 리가 없습니다. 축구공 하나로 포르투갈의 상징적인 인물이 된 것입니다.

호날두가 이처럼 세계적인 스타가 될 수 있었던 힘은 스스로에 대한 믿음과 자신감에서 비롯됐습니다.

포르투갈의 작은 섬인 마데이라에서 태어난 그는 프로축구 선수가 되기 위해 포르투갈 본토로 건너갈 때도, 스포르팅 CP라는 포르투갈 팀에서 잉글랜드 프리미어리그의 맨체스터 유나이티드로 진출할 때도, 현재 뛰고 있는 스페인 프리메라리가의 레알 마드리드로 팀을 옮길 때도 조금도 망설이거나 주저하지 않았습니다.

호날두는 새로운 도전을 두려워하지 않습니다. 축구 선수로 성장하면서 여러 차례 어려운 고비를 맞았지만 단 한 번도 낙담하거나 포기하지 않았습니다. 무엇이든 할 수 있다는 자신감을 가지고 도전을 멈추지 않았기 때문에 오늘날의 슈퍼스타가 된 것입니다.

자신감과 자만심은 다릅니다.

자신감은 어려운 난관을 앞에 두고서 '그래, 쉽지는 않겠지만 최선을 다해서 한번 해보겠어. 틀림없이 잘해낼 수 있을 거야.'라고 생각하는 것입니다. 자만감은 '흥, 이까짓 것쯤이야 식은 죽 먹기지. 적당히 해도 괜찮아. 굳이 힘들어서 할 필요까지 없겠지.'라고 생각하는 것을 말합니다.

가장 큰 차이점은 노력입니다. 자신감이 있는 사람은 어려운 일을 앞에 두고도 노력을 멈추지 않습니다. 반면 자만심에 빠진 사람은 스스로가 최고라고 여기며 노력을 기울이지 않습니다.

호날두는 세계 최고 선수라고 불리지만 지금도 가장 먼저 팀 훈련장에 도착하는 선수라고 합니다. 경기 중에 어깨를 다치고도 아픈 것을 참고 끝까지 뛰고 골까지 넣는 집념을 지니고 있습니다. 남들이 뭐라고 해도 주어진 일에 최선을 다합니다. 호날두는 경기장에서 차마 들을 수 없을 정도의 심한 야유를 받는 경우가 많습니다. 그렇지만 한 번도 이에 흔들리지 않았습니다.

두려움을 모르는 도전 정신과 스스로에 대한 믿음, 호날두가 마치 기계처럼 골을 펑펑 터트리게 하는 가장 큰 요인입니다.

너한테만은
질 수 없지

리오넬 메시와 크리스티아누 호날두의 대결이 재미있는 까닭은 두 사람이 앙숙 관계에 있는 팀에서 뛰고 있어서입니다.

앞에서 잠깐 언급했지만 메시의 바르셀로나와 호날두의 레알 마드리드는 '다른 팀에게는 져도 너희에게만은 절대 질 수 없어'라는 라이벌 의식으로 똘똘 뭉쳐 있습니다.

호날두는 2009년 6월 맨체스터 유나이티드에서 레알 마드리드로 팀을 옮겼습니다. 레알 마드리드가 호날두를 데려오기 위해 맨체스터 유나이티드에 1,600억 원이라는 어마어마한 돈을 낸 것도 화제가 됐지만

그보다 더 사람들의 관심을 끈 것은 메시와 호날두가 세계 축구 최고의 라이벌전에서 맞대결한다는 사실이었습니다.

레알 마드리드가 상상하기 힘든 돈을 들여 호날두를 데려온 것은 바르셀로나를 꺾기 위해서였습니다. 당시 레알 마드리드는 바르셀로나와의 경기에서 일방적으로 밀리고 있었습니다. 두 말할 나위 없이 가장 큰 골칫덩이는 메시였습니다.

그때나 지금이나 세계에서 메시만큼의 활약을 기대할 수 있는 선수는 딱 한 명, 호날두뿐입니다.

호날두가 레알 마드리드로 온다는 소식을 들은 팬들의 기대가 부푼 것은 당연한 일이었습니다.

호날두가 레알 마드리드 입단식을 할 때 전용구장으로 사용하는 마드리드의 산티아고 베르나베우에는 8만 명의 팬이 몰려들어 북새통을 이루었습니다. 너무 많은 팬들이 찾아와 호날두 스스로도 깜짝 놀랐다고 합니다. 호날두에 대한 레알 마드리드 팬들의 기대는 이렇게 컸습니다.

바르셀로나와 레알 마드리드의 경기는 '엘 클라시코(EL CLASICO)'라고 부릅니다. 우리말로 하면 '전통의 경기'라는 의미를 지니고 있습니다. 두 팀 간의 라이벌전의 역사가 워낙 오래됐기 때문에 붙은 이름입니다.

마치 우리나라와 일본의 축구경기와 같습니다.

우리나라와 일본의 축구 경기는 매우 치열합니다. 우리 국민 모두 일본 축구에는 절대로 질 수 없다고 생각하고 있고 온 마음을 다해 응원합니다.

바르셀로나와 레알 마드리드와 맞붙었을 때 팬들의 반응도 똑같습니다.

호날두는 레알 마드리드에서 뛰기 시작한 2009년부터 2011년까지 바르셀로나와의 경기에서 기대만큼 활약하지 못해 팬들을 많이 실망시켰습니다. 가끔은 레알 마드리드 팬들이 호날두에게 야유를 퍼붓는 일까

지 생길 정도였습니다. 자기가 응원하는 팀의 선수에게까지 야유할 정도니, '엘 클라시코'의 열기가 어느 정도인지 알 수 있습니다.

 레알 마드리드와 FC 바르셀로나의 사이가 좋지 않은 것은 여러 이유가 있습니다. 우선 두 팀이 연고로 하는 도시인 마드리드와 바르셀로나는 역사적으로 각기 다른 뿌리를 지니고 있습니다. 단일 민족에 같은 말을 쓰는 우리나라와 달리 마드리드와 바르셀로나에서 쓰는 말은 서로 다릅니다. 두 지역 사람들은 싸움도 잦았습니다. 특히 1930년대에 스페인 사람들끼리 큰 전쟁을 벌였는데 이때 많은 사람들이 죽으면서 두 지역의 감정은 크게 나빠졌습니다.

 물과 기름은 절대로 섞이지 않습니다. 개와 고양이가 사이좋게 지내는 일은 있을 수 없습니다. 레알 마드리드와 FC 바르셀로나의 관계가 이

와 같다고 생각하면 됩니다.

두 팀은 운영하는 방식에서도 큰 차이를 보입니다.

레알 마드리드는 유명 선수들을 많이 영입해서 좋은 성적을 내고, 이를 통해 팬을 많이 확보하는 방법을 씁니다. 사람들은 이런 레알 마드리드의 팀 운영 방식을 '갈락티코'라고 부릅니다. 스페인어인 갈락티코는 우리나라 말로 은하수라는 뜻입니다. 밤하늘의 은하수를 보면 별들이 헤아릴 수 없이 많습니다. 유명한 선수를 끊임없이 데려오는 레알 마드리드의 정책을 빗댄 것입니다.

반면에 바르셀로나는 앞으로 훌륭한 선수가 될 가능성이 있는 어린 선수들을 데려와서 키워내는 방법을 선호합니다.

바르셀로나의 유소년 축구 학교는 '라 마시아'라고 불립니다. 우리나라 말로는 농장이라는 뜻입니다. 농부가 어린 새싹이 잘 자라도록 정성을 다해 키워내듯이, 바르셀로나는 훌륭한 선수가 될 가능성이 있는 어린 선수들을 데려와서 성장시키는 데에 힘을 쏟습니다.

현재 바르셀로나에서 활약하고 있는 선수들은 대부분 이런 과정을 거쳤습니다. 메시는 물론 사비 에르난데스, 안드레스 이니에스타, 세스크 파브레가스, 세르히오 부스케츠, 헤라르드 피케, 카를레스 푸욜 등이 어렸을 때부터 바르셀로나의 보살핌 아래에서 축구 선수로서의 재능을 꽃피웠습니다.

레알 마드리드와 FC 바르셀로나 유니폼을 입은 한국 선수는 아직 없습니다. 그러나 머지않아 나올 것으로 예상됩니다.

백승호, 이승우, 장결희 선수는 현재 바르셀로나 유소년 팀에서 '미래의 메시'를 꿈꾸며 열심히 노력하고 있습니다. 팀과 현지 언론의 평가가 매우 좋아 이 선수들 가운데 바르셀로나 1군에서 활약할 선수가 나올 수도 있을 것이라는 기대가 점점 커지고 있습니다.

2장
재능은 노력과 결합해야 빛난다

리오넬 메시 VS 크리스티아누 호날두

로사리오의
명물 꼬마

1987년 6월 24일, 아르헨티나 로사리오에 사는 호르헤 메시와 셀리아 쿠티치니 부부는 귀여운 셋째 아들을 얻었습니다.

아무 탈 없이 태어난 것만으로도 부부는 신에게 감사했습니다. 임신 중에 아이에게 이상이 생겨 몸이 불편한 상태로 태어날 수도 있다는 말을 들었기 때문입니다.

걱정과 달리 건강하게 태어난 아이는 20년의 세월이 지난 후 아르헨티나뿐 아니라 전 세계를 떠들썩하게 하며 조국과 고향의 명성을 드높입니다.

바로 리오넬 메시입니다.

메시는 부유하다고는 할 수 없지만 화목한 가정에서 구김살 없이 자라났습니다. 모든 아르헨티나 사람들이 그렇듯이, 메시의 가족도 다들 축구라면 모든 걸 마다할 정도로 좋아했습니다. 아버지는 젊었을 때 프로 선수가 되고 싶었지만 꿈을 이루지 못해 메시의 큰형과 둘째 형에게 어렸을 때부터 축구를 가르칠 정도였습니다.

메시도 자연스럽게 어렸을 때부터 축구공과 친숙해졌습니다. 그런데 메시 가문의 막내아들은 좀 별난 데가 있었습니다. 걸음마를 떼자마자 축구공을 향해 덤벼들어 가족들을 놀라게 했습니다. 네 살 때 가족들의 축구 놀이에 처음으로 끼어들었는데 능숙한 솜씨로 공을 몰고 달려 아버지의 눈이 휘둥그레지기도 했습니다.

메시를 본격적으로 축구와 연결해준 사람은 외할머니였습니다. 메시가 다섯 살 때 큰형 로드리고는 그란돌리라는 동네 클럽에서 축구 선수의 꿈을 키우고 있었습니다. 어느 날 메시를 돌보던 외할머니는 손자의 손을 끌고 그란돌리 클럽의 훈련장을 찾았습니다. 큰손자가 뛰는 모습을 보고 싶었던 것입니다.

마침 그란돌리에서 어린이들을 지도하던 살바도르 아파리치오 코치

는 선수가 부족해 경기를 시작할 수 없어 난처하던 참이었습니다. 메시의 외할머니가 나섰습니다.

"코치 양반, 무슨 문제라도 있는 게요? 왜 경기를 시작하지 못하는 거예요?"

"선수 한 명이 모자라는데 대신할 아이가 없어요. 열 명씩 뛰게 할 수도 없고. 이러지도 저러지도 못하고 있습니다."

아파리치오 코치가 사정을 설명했습니다.

"그런 걱정이라면 진작 나한테 말했어야지. 자, 여기 우리 막내손자를 대신 넣으면 바로 경기를 시작할 수 있을 거요."

아파리치오 코치는 자그마한 메시를 보고 손사래를 쳤습니다.

"하하하. 할머니 말씀은 고맙지만 이 아이는 너무 어리고 작아서 같이 뛸 수가 없겠네요."

외할머니의 고집은 꺾이지 않았습니다.

"같이 뛸 수 있을지 없을지는 두고 봅시다. 작다고 무시하지 말고 빨리 유니폼이나 입혀요. 우리 손자가 야무진 맛을 보여줄 테니."

아파리치오 코치는 할머니의 고집을 꺾지 못했고 모자란 팀의 빈자리를 메시로 채웠습니다.

경기가 시작되자 아파리치오 코치는 놀라움에 벌어진 입을 다물 수 없었습니다. 다른 선수에 가려 잘 보이지도 않는 메시는 공을 잡자 상대 선수들을 하나 둘 제치고 돌진해 골을 터트렸습니다.

메시는 이날부터 그란돌리 유소년 팀의 선수가 됐습니다. 아피리치오 코치는 지금도 메시의 경기 모습을 TV로 지켜볼 때면 다섯 살 꼬마 시절 메시의 천재성을 처음 봤던 때의 감격이 떠올라 자신도 모르게 눈물을 흘린다고 합니다.

메시는 일곱 살 되던 해에 본격적으로 축구 선수의 길로 나서게 됩니다.

지역 명문 클럽 뉴웰스 올드 보이스의 유소년 팀 유니폼을 입게 된 것입니다. 당시 큰형 로드리고는 공격수, 둘째 형 마티아스는 수비수로 뉴웰스 유소년 팀에서 활약하고 있었습니다.

하지만 삼 형제 가운데 뉴웰스 유소년 팀에서 가장 돋보인 사람은 막내인 메시였습니다. 메시의 플레이를 지켜본 모든 코치들은 "이 작은 꼬마가 어디서 이렇게 뛰어난 기술을 익혔을까?"라고 의아해할 정도였습니다.

메시를 아홉 살 때부터 3년간 지도했던 에르네스토 베치오 코치는 다음과 같은 유명한 말을 남겼습니다.

"가르쳐줄 것이 아무것도 없었죠. 타고난 재능이었습니다. 누구도 그에게 뭔가를 가르치지 않았습니다. 당연한 일이었습니다. 펠레나 마라도나에게 누가 뭘 가르칠 수 있단 말입니까?"

평소 얌전하고 수줍음을 많이 타는 성격이었던 메시는 축구를 대할 때만큼은 고집불통으로 변했습니다. 경기에 뛰지 못하는 것을 참을 수 없어 했고 경기에 나서서 지는 것은 더욱 참지 못했습니다.

한 번은 자전거가 우승 상품으로 걸린 대회 결승전이 열렸는데 메시가 모습을 나타내지 않았습니다. 모두가 고개를 갸우뚱거리는 사이에 경기가 시작됐고 뉴웰스는 0 대 1로 뒤진 채 전반전을 마쳤습니다. 모두들 메시가 왜 경기에 나오지 않았을까를 궁금해하는 순간, 메시가 헐레벌떡 경기장에 들어섰습니다. 메시는 화장실 문이 고장 나는 바람에 갇혀 있었고 유리창을 깨고 빠져나왔다는 설명이 끝나기 바쁘게 유니폼을 갈아입고 경기장에 나섰습니다. 그러고는 연속 세 골을 터트리며 팀의 역전승을 이끌었습니다.

무서울 정도로 축구에 열의를 보였던 메시는 친구 아버지가 벽에 그

려준 골문에 두 시간 동안 슈팅 연습을 한 적도 있다고 합니다. 이미 철이 들기도 전에 축구는 메시에게 삶의 전부가 되어버렸습니다.

For FIFA World Cup Germany, 2006
2006년 독일 월드컵 공식 지정 공인구
팀가이스트 (Teamgeist)

주사 바늘이 키워낸
황금 발

　　리오넬 메시의 키는 169cm밖에 안 됩니다. 축구가 꼭 키가 커야 잘할 수 있는 스포츠는 아니지만 키가 작은 것보다는 큰 것이 여러모로 유리합니다. 특히 공격수의 경우에는 더욱 그렇습니다. 하지만 메시는 키가 작은 결점을 극복하고 세계 최고 공격수로 우뚝 섰습니다. 선천적으로 키가 자라지 않는 희귀 질환을 이겨냈다는 점에서 더욱 높은 평가를 받고 있습니다.

　　뉴웰스는 메시의 성장 가능성에 매우 큰 기대를 걸고 있었습니다.

　　메시는 하나를 가르치면 열을 깨우쳤습니다. 타고난 축구 감각에 밥 먹고 잠자는 시간을 제외하고는 축구공을 놓는 법이 없을 정도로 열심

히 훈련을 거듭했습니다. 메시는 머리와 어깨, 무릎, 발을 이용해 공을 땅에 떨어뜨리지 않고 계속 다루는 '키피 어피' 묘기를 부릴 줄 압니다. 그럴 때면 사람들이 서커스단 곡예사로 착각할 정도입니다.

단 한 가지 마음에 걸리는 점이 있다면 키가 너무 작다는 것이었습니다. 열 살 되던 해에 메시의 키는 127cm밖에 되지 않았습니다. 또래 친구들보다 작기도 했지만 한참 키가 자라날 나이에 메시의 키는 제자리걸음을 계속할 뿐이었습니다.

처음에는 '뒤늦게 키가 크는 아이들도 많이 있으니까.'라고 생각했던 사람들은 지나치게 작은 메시의 키를 걱정하기 시작했습니다. 뉴웰스 유소년 팀 코치들의 추천으로 메시는 전문 병원에서 진찰을 받게 됩니다. 1997년 1월의 일이었습니다.

로사리오에서 호르몬과 관련된 질환을 다루는 디에고 슈와르슈테인 박사는 1년간 다양한 방법을 동원해 메시의 키가 자라지 않는 이유에 대한 검사를 실시했습니다. 메시와 부모님은 충격적인 소식을 접하게 됩니다.

"아쉽게도, 키를 자라나도록 하는 성장 호르몬이라는 물질이 메시의 몸에서 만들어지지 않습니다. 지금처럼 놔두게 되면 더 이상 자라지 않게 됩니다."

메시의 부모님은 눈앞이 캄캄했습니다. 하지만 희망은 있었습니다.

슈와르슈테인 박사는 치료법이 있다고 말했습니다.

"키를 자라나게 하는 방법이 없는 것은 아닙니다. 몸에서 만들어지지 않는 성장 호르몬을 바깥에서 투입하면 키가 자라날 수 있습니다. 하지만 꾸준히 주사를 맞아야 하고 정기적으로 병원에 와서 진찰을 받아야 합니다. 어린이에게는 감당하기 어려운 일일 수 있습니다."

이로부터 메시의 지루한 싸움이 시작됐습니다.

메시는 1998년 1월부터 성장 호르몬 주사를 맞기 시작했습니다. 주사를 맞기 위해 매일 병원에 갈 수 없었고, 또 직장 일로 바쁜 아버지와 가족들을 돌봐야 하는 어머니가 항상 메시의 곁에 있을 수 없었기 때문에 메시는 주사약을 챙겨 가지고 다니며 스스로 주사를 놓아야 했습니다.

옆에서 누가 챙겨준다고 하더라도 쉽지 않은 일입니다. 부모님이 챙겨주는 비타민이나 영양제 같은 것도 먹기 싫다고 투정을 부리는 어린이들을 우리 주위에서 흔히 볼 수 있습니다. 하루 세 번 해야 하는 양치질을 '귀찮다'는 이유로 거르는 일도 흔합니다. 하물며 주사약이 든 가방을 항상 가지고 다니며 맞기 싫은 주사를 스스로 놓아야 한다는 것은 보

통 일이 아닙니다.

　주위에서는 걱정이 대단할 수밖에 없었습니다. 130cm도 안 되는 열 살짜리 꼬마가 주사약 가방을 가지고 다니며 자신의 다리에 바늘을 꽂는 것을 안타깝고 안쓰럽게 생각하는 사람들이 많았습니다. 당시 메시의 다리는 매일 맞는 주사 때문에 항상 시퍼렇게 멍이 들어 있었다고 합니다.

　하지만 정작 당사자인 메시는 아무렇지도 않게 받아들였습니다. 주사약 가방을 어디든지 가지고 다니며 한 번도 거르지 않고 성장 호르몬을 맞았습니다.

　메시는 축구 선수로 성공한 후에 아일랜드 한 신문과의 인터뷰에서 성장 호르몬 주사를 맞았던 어렸을 때의 기억을 이렇게 말했습니다.

　"특별하게 여기지 않았습니다. 제게는 양치질 같은 일이었죠. 제가 주사를 꺼내 다리에 꽂는 것을 본 사람들은 눈이 휘둥그레지곤 했지만 곧 주위 사람들도 익숙해졌습니다. 주사를 맞는 것은 제 장래를 위해서 아주 중요한 일이라는 걸 알고 있었기 때문에 책임을 져야 했습니다. 축구 선수가 된다는 꿈을 이루기 위해서라면 어떤 일도 했을 것입니다."

루카스 스칼리아는 메시와 한동네에 사는 친구였습니다. 메시는 스칼리아의 집에 자주 놀러 갔는데, 가자마자 하는 일은 주사약을 꺼내 냉장고에 넣는 것이었습니다. 메시는 스칼리아와 놀다가도 정해진 시간이 되면 주방으로 달려가 약을 꺼내 다리에 주사를 놓은 뒤에는 다시 돌아와 아무 일 없다는 듯이 스칼리아와 시간을 보냈습니다.

　매일 맞는 주사는 메시의 키를 자라게 하는 유일한 방법이었습니다. 메시가 어렸을 때 주사 맞는 것을 귀찮아했다거나 주사 놓는 시간을 제대로 맞추지 않았다거나, 소홀히 했다면 지금 같은 위대한 선수가 될 수 없었을 겁니다. 메시라고 해서 매일 다리에 주사를 맞는 일이 기쁘고 즐거웠을까요? 주사약 가방을 늘 지니고 다니는 것이 귀찮고 때에 맞추어

주사를 놓아야 하는 것이 성가실 수 있었지만 자신의 꿈을 이루는 길이었기 때문에 꾹 참았을 것입니다.

　즐겁고, 기쁘고, 재미있고 신나는 일만 해서는 자신의 꿈을 이룰 수 없습니다. 원하는 것이 있고 이루고 싶은 꿈이 있다면 대가를 지불해야 합니다. 어느 하나를 희생해야 할 필요도 있습니다. 이 세상에 저절로 이루어지는 것은 없습니다. 타고난 천재도 존재하지 않습니다. 뭔가를 바란다면 인내심과 노력이 필요합니다. 성장 호르몬 장애를 이겨내고 세계 최고에 오른 메시는 '인내는 쓰지만 열매는 달다.'는 속담이 괜한 말이 아니라는 것을 확인시켜주는 좋은 본보기입니다.

축구공과 함께 자란
섬마을 소년

크리스티아누 호날두는 '섬마을 소년'입니다.

호날두는 마데이라라는 포르투갈의 작은 섬에서 태어났습니다. 축구 선수로서 꿈을 이루기에 결코 좋은 조건이라고 할 수 없는 환경이었습니다.

호날두는 마데이라 섬의 퀸타 도 팔카우라는 가난한 거리에서 자라났습니다. 집안 사정도 넉넉하지 못했습니다. 아버지 디니스 도스 산토스 아베이로는 정원사였고 어머니 돌로레스는 청소부와 요리사로 일했습니다. 위로는 형 우구와 엘마, 그리고 카티야라는 누나가 있었습니다. 여섯 식구의 생계를 위해 호날두의 아버지와 어머니는 열심히 일했지만

비가 많이 내리면 지붕이 샐 정도의 허름한 작은 집을 벗어나기 어려웠습니다.

그러나 호날두는 어려운 환경에서도 밝고 씩씩하게 자랐습니다.

영원한 친구인 축구공이 있었기 때문입니다. 축구공만 곁에 있다면 호날두는 그곳이 어디가 되었던 마냥 행복했습니다.

호날두의 꿈은 '골목 축구'에서 시작되었습니다. 호날두가 자란 동네는 아이들이 축구를 하고 뛰어놀 변변한 운동장조차 없었습니다. 축구가 너무나도 하고 싶었던 호날두와 친구들은 길거리에 골대를 만들어 놓고 공을 찼습니다.

동네 어르신들은 아이들이 버스가 다니는 길에서 정신없이 공을 차는 것을 보고 걱정스러워 호통을 쳤습니다.

"이 녀석들, 골목에서 축구를 하면 위험하다. 차가 다니는 길에다 골대를 만들면 어떻게 하니!"

호날두는 아무렇지도 않다는 듯이 씩씩하게 대답합니다.

"괜찮아요. 걱정하지 마세요. 차가 오면 저희들이 재빠르게 골대를 치우고 있거든요."

가끔은 공이 담벼락을 넘어가는 때도 있습니다. '골목 호랑이' 아고스틴호 아저씨 집으로 공이 넘어갈 때는 친구들 모두 벌벌 떨었습니다. 애지중지 화초를 키우고 있는 아고스틴호 아저씨는 "이놈들! 다시 한 번 공이 내 집으로 넘어오면 터트려 버릴 테다!" 하고 불호령을 내리기 일쑤였으니까요.

호날두가 용기를 냈습니다. 아고스틴호 아저씨는 무섭지만 그보다는 축구를 하고 싶어 견딜 수 없었습니다. 조심스럽게 담을 넘어 살그머니 아고스틴호 아저씨의 정원으로 들어가 공을 낚아채서는 쏜살같이 골목으로 돌아왔습니다.

아고스틴호 아저씨는 호날두의 어머니를 찾아가 "댁의 아들이 내 정원을 망치고 있소. 무슨 수를 써주시오!"라고 하소연을 하지만 그 누구도 호날두의 축구에 대한 열정을 막을 수 없었습니다.

호날두는 항상 축구공을 옆에 끼고 살았습니다. 학교 수업이 끝나면 헐떡거리며 집으로 달려왔지만 아버지와 어머니 모두 바쁘시기 때문에 집에는 아무도 없었습니다. 호날두는 가방을 내팽개치고 축구공을 옆에 낀 후 주머니에 사과나 요구르트 등 허기를 달랠 간단한 먹을 것을 집어넣고 곧바로 골목으로 뛰어나갔습니다.

어느덧 해가 저물어갔습니다. 어머니가 부르시는 소리가 들릴 때까지 축구에 정신이 팔린 호날두는 시간이 가는지도, 배에서 꼬르륵 소리가 나는 줄도 몰랐습니다. 다른 장난감은 시시할 뿐이었습니다. 축구공과 떨어지는 것이 너무나 싫어서 잠자리에서도 축구공을 꼭 끌어안고 잠이 들었습니다.

열병을 이겨낸 열정

"허허, 그 녀석 참 대단하군. 어떻게 공을 몰고 저렇게 빨리 달릴 수 있지?"

"아베이로 씨 막내아들 말이군요. 말도 마세요. 어제는 언덕배기를 뛰어 오르면서 공을 다루는데 글쎄 한 번도 땅에 떨어뜨리는 법이 없더군요."

"어쩌면 우리 마을에서 프로 선수가 나올 수도 있겠어. 조그마한 녀석이 하루가 다르게 공 다루는 실력이 늘어."

축구공을 끼고 마을 구석구석을 누비는 호날두는 어느새 동네의 유명 인사가 됐습니다. 사람들은 좁은 골목길을 누비며 공을 다루는 호날두

의 발재간에 감탄해마지 않았습니다.

호날두가 처음으로 유니폼을 입고 축구를 시작한 팀은 안도리냐라는 마을 클럽이었습니다. 그러다가 호날두의 실력에 대한 소문이 퍼지기 시작하면서 곧 안도리냐보다 훨씬 규모가 큰 나시오날이라는 클럽으로 팀을 옮기게 되었습니다. 호날두가 팀을 옮기는 조건은 축구화 한 켤레와 유니폼이 전부였지만 그것을 받아든 호날두는 싱글빙글했습니다.

나시오날은 호날두를 제대로 한번 키워보려는 계획을 가지고 있었습니다. 그만큼 호날두는 어린 나이에도 놀라운 실력을 지니고 있었습니다.

호날두는 나시오날에서도 단연 으뜸가는 활약을 펼쳤습니다. 키도 작고 깡마른 체구였지만 한번 공을 잡으면 누구도 빼앗지 못했고 무서운 속도로 상대 진영을 돌파하며 쉽게 골을 터트렸습니다.

호날두는 팀에서 가장 어린 선수였지만 실력만큼은 첫 번째였습니다. 너무 작고 깡말라서 어머니는 '저 아이가 저러다가 태클이라도 당하는 날에는 크게 다치지는 않을까.' 하고 조마조마한 마음으로 막내의 경기를 지켜보곤 했다고 합니다.

하지만 어머니의 걱정은 괜한 것이었습니다. 누구도 호날두의 공을

빼앗거나 그를 따라잡지 못했으니 까요. 자신보다 훨씬 덩치가 큰 상대가 덤벼들어도 호날두는 겁을 먹거나 피할 줄을 몰랐습니다. 그리고 상대가 어떻게 나올 것이라는 것을
이미 알고 있었다는 듯 여유 있게 제치고 아주 쉽게 골을 넣었습니다.

이 시절 호날두의 별명은 울보였습니다. 경기에서 지거나, 자신이 목표로 했던 만큼의 활약을 펼치지 못하면 호날두는 그라운드에서 펑펑 울었습니다. 축구에 대한 욕심과 열정은 누구도 말릴 수 없을 지경이었습니다.

몸살에 걸린 채 경기에 나선 적도 있었습니다. 어느 날 호날두는 열이 펄펄 끓기 시작했습니다. 몸을 가누기도 어려워 보이는 호날두는 무슨 일이 있어도 경기에 뛰어야 한다고 고집을 부렸습니다.

"어머니, 저 오늘 꼭 가야 해요. 아프지 않아요. 다 나았어요."

"안 된다. 이렇게 온몸에서 열이 나는데 어딜 가겠다는 거야."

"가봐야 해요. 오늘 이기면 우승이란 말이에요. 견디지 못하면 제가 스스로 포기할게요."

호날두는 축구에 대해서만큼은 막무가내였습니다. 어머니는 결국 호날두의 황소고집을 꺾지 못하고 경기장에 가는 것을 허락할 수밖에 없었습니다.

어머니는 호날두가 고집을 부렸지만 채 1분도 버티지 못할 줄 알았습니다. 그런데 이게 웬일입니까. 공을 잡자마자 호날두는 언제 아팠느냐는 듯 펄펄 날기 시작했고 골까지 터트렸습니다. 나시오날은 우승을 차지했고 경기가 끝나자 다시 환자로 돌아온 호날두는 "운동장에서는 아프거나 불편한 것을 느끼지 못했어요. 제가 골 넣었다는 것 외에는 잘 기억나지 않아요."라고 말했습니다.

축구에 몰입해 자신이 아프다는 사실도 잊어버린 채 운동장을 누빈 것입니다.

공을 끼고 잠들 정도로 축구를 좋아했지만 마땅한 연습 장소도 없어 경사진 골목길에서 공을 몰고 달리던 빈민가 출신의 깡마른 소년에 대한 소문은 마데이라 섬 전체로, 다시 바다 건너 포르투갈 본토로까지 퍼져 나갔습니다. 그리고 천재적인 재능을 지니고 있는 호날두를 데려가 훌륭한 선수로 키워보고 싶다는 팀들이 하나둘씩 나타나기 시작했습니다.

3장 천재의 이면에는 땀과 눈물이 있다

리오넬 메시 VS 크리스티아누 호날두

희망 찾아
삼만 리

리오넬 메시는 성장 호르몬 결핍증이라는 질병에 맞서 용기를 잃지 않았지만 치료비 문제는 메시 가족들을 고민에 빠뜨렸습니다.

메시가 치료를 시작한 후 2년간은 별다른 걱정이 없었습니다. 치료비가 한 달에 180만 원이나 들었지만 의료보험과 메시 아버지 직장사람들의 지원으로 치료비를 버틸 수 있었습니다.

그러나 아르헨티나의 나라 살림살이가 어려워지면서 메시에 대한 치료비 지원은 모두 중단되었습니다. 메시와 가족에게는 최악의 상황이었습니다. 매일 자신의 다리에 주사를 놓아가며 축구 선수의 꿈을 키웠던 메시의 노력이 물거품으로 돌아갈 수도 있는 상황이었습니다.

메시의 부모님은 치료비를 마련하기 위해 갖가지 방법을 쓰지 않을 수 없었습니다. 처음에는 쉽게 해결이 될 것처럼 보였습니다. 메시의 미래를 높이 평가한 뉴웰스 팀이 치료비 지원을 약속했기 때문입니다. 하지만 나라 전체의 경제 사정이 악화된 상황에서 뉴웰스도 여유가 있을 리 없었습니다. 치료비 지급이 약속대로 이루어지지 않았습니다. 메시의 부모님은 크게 실망했습니다. 그러나 포기하지는 않았고 메시의 키가 자라날 수 있도록 도와줄 수 있는 팀을 찾아 나섰습니다.

처음으로 기대를 걸었던 팀은 아르헨티나를 대표하는 명문 팀 리버 플라테였습니다. 메시를 테스트해본 리버 플라테 관계자들은 감탄사를 연발했습니다. 그러나 메시가 이미 뉴웰스에 소속되어 있음을 알고는 "메시를 포기한다는 문서를 받아오시지 않는다면 입단은 어렵겠습니다."라며 손사래를 쳤습니다. 메시의 부모님으로서는 앞이 막막해지는 순간이었습니다.

메시의 치료비에 대한 고민이 점점 깊어만 가던 무렵, 아르헨티나에서 활동하는 축구 에이전트로부터 스페인에 메시를 데려가 입단 테스트를 치러 보지 않겠느냐는 제안이 날아들었습니다.

메시의 아버지 호르헤는 결단을 내렸습니다.

"그래, 리버 플라테 같은 큰 구단에서도 메시를 외면했는데, 아르헨티나에서는 더 이상 방법을 찾을 수 없어. 스페인 같은 큰 무대에서는 메시의 잠재력을 인정해줄 수 있을지 몰라."

메시를 스페인으로 초청한 사람은 바르셀로나에서 축구와 관련된 여러 사업을 하고 있는 호셉 마리아 민구엘라 씨라는 아르헨티나 교포였습니다. 바르셀로나 구단에서 통역과 선수 스카우트 등 여러 가지 업무를 담당했던 경력이 있어서 구단 관계자들과 친분이 두터운 사람이었습니다.

민구엘라 씨에게는 호라시오 가지올라라는 친구가 있었습니다. 가지올라 씨는 메시와 같은 아르헨티나 로사리오 출신으로 바르셀로나에서 사업을 하고 있었습니다. 가지올라 씨는 어느 날 고향에서 날아온 비디오테이프를 본 후 민구엘라 씨에게 달려왔습니다.

"여보게, 대단한 천재가 나타났네. 바르셀로나에 입단할 수 있도록 자네가 좀 도와줬으면 좋겠네."

흥분한 가지올라 씨와 달리 민구엘라씨는 시큰둥했습니다.

"알겠네. 시간이 나면 보도록 하지. 요즘에는 축구 천재들이 한둘이어

야 말이지."

　오랫동안 축구 관련 일을 한 민구엘라 씨는 여기저기에서 '축구 천재'에 대한 소문을 들었지만 실망한 경험이 많았기 때문입니다. 그러나 가지올라 씨의 권유가 거듭되자 마지못해 TV 앞에 앉았습니다.

　민구엘라 씨는 메시의 경기 모습을 보고 벌어진 입을 다물 수 없었습니다.

'천재다. 타고난 재능이야. 열 살배기 꼬마가 마치 마라도나 같은 플레이를 펼치고 있어.'

민구엘라 씨는 즉시 메시를 초청해 바르셀로나에 입단 테스트를 주선할 것을 결정했습니다. 바르셀로나로 향하는 메시의 길이 열리는 순간이었습니다.

2000년 9월, 메시와 아버지는 스페인 바르셀로나에 도착했습니다. 메시는 1주 정도 머물며 FC 바르셀로나의 입단 테스트를 받을 계획이었습니다.

바르셀로나 유소년 팀과 연습 경기에서 메시는 좋은 평가를 받았습니다. 그러나 바르셀로나는 당초 예정된 기한이 넘도록 입단에 대한 결정을 내리지 않았습니다. 초조한 메시 아버지에게 "조금만 더 기다려주세요."라는 말만 반복할 뿐이었습니다.

메시의 아버지는 실망이 컸습니다. 바르셀로나도 메시에 큰 흥미를 느끼지 못하고 있다고 여긴 것입니다. '바르셀로나도 메시의 천재성을 알아보지 못하는 모양인데……. 어쩔 수 없지. 고향으로 돌아가서 다른 수를 알아보는 수밖에.'

기다림에 지친 메시 아버지가 아르헨티나로 돌아갈 생각을 굳힐 무렵, 마침내 바르셀로나로부터 최종 테스트 날짜가 잡혔다는 연락이 왔습니다. 10월 3일, 유소년 팀 경기장인 미니에스타에서 바르셀로나 15세 이하 팀과의 연습 경기를 치른 후 계약 여부를 결정하겠다는 것이었습니다.

굴러 들어온 복덩이를
놓칠 뻔한 바르셀로나

바르셀로나가 메시에 대한 최종 결정을 계속 미룬 것은 유소년 선수 스카우트 결정권을 가진 카를레스 렉사흐 기술 이사가 마침 해외 출장 중이었기 때문입니다.

10월 3일 열린 메시의 마지막 테스트에서 렉사흐 이사는 충격을 받았습니다. 생전 보지도, 듣지도 못했던 천재를 만났기 때문입니다.

스페인 대표팀으로 월드컵에 출전했고 바르셀로나에서 선수와 코치, 선수 스카우트 담당으로 활약하며 날고 긴다는 천재들을 무수하게 만났지만 이런 경험은 처음이었습니다. 그는 메시가 볼을 몰고 달리는 광경을 보자마자 '세상에 이런 천재적인 재능을 보게 될 줄이야……. 무조건이 소년과 계약을 해야 해. 놓친다면 평생 후회하게 될 거다.'라는 생각이 들었습니다.

렉사흐 이사는 그 자리에서 메시에게 바르셀로나와의 계약을 약속했습니다. 그러나 실제로 바르셀로나 입단이 확정되기까지는 그로부터 오랜 기다림의 시간이 필요했습니다.

렉사흐 이사를 비롯해 메시의 경기력을 직접 눈으로 확인한 유소년 팀 관계자들은 모두 메시가 훌륭한 선수가 될 것이라고 입을 모았지만 바르셀로나 구단 최고위층은 대수롭지 않게 생각한 것입니다. 렉사흐 이사의 보고를 받은 바르셀로나 이사진은 메시에 대해 비관적인 평가를 쏟아냈습니다. 유소년 팀 선수에 쏟아지는 찬사를 믿기 힘들었던 것입니다. 게다가 미래를 보고 어린 선수에게 많은 비용을 투자해야 한다는 것에 대한 볼멘소리도 이어졌습니다.

"열세 살짜리 선수를 영입해서 언제 1군에서 써먹는단 말이오? 우리에게는 지금 당장 팀에 우승을 안길 수 있는 선수가 필요합니다."

"기술은 그렇다 치더라도 체구가 너무 작은 거 아닙니까? 저렇게 작아서는 풋살(실내에서 행해지는 5인제 미니 축구 경기)이라면 몰라도 축구를 할 수 있을까 의심되는군요."

"게다가 성장 호르몬 결핍 장애? 그런 병까지 앓고 있는 선수에 대한 투자가 올바른 결정일까요? 게다가 치료비에 가족들의 정착 비용까지 지원하라고요? 축구단 운영이 자선사업인 줄 아십니까?"

"국적 문제는 어떻게 해결할 계획입니까? 외국 선수는 유소년 대회 출전이 제한되어 있다는 사실은 알고 계시겠지요."

렉사흐 이사가 이처럼 부정적인 바르셀로나 이사진을 설득하는 데는 무려 2개월이 넘는 시간이 걸렸습니다. 그는 2000년 12월에는 불안해하는 메시 가족들을 안심시키기 위해 레스토랑 냅킨에 "렉사흐는 바르셀로나 기술이사로서 메시의 입단을 책임지고 성사시킨다."는 각서까지

쓸 정도로 공을 들였습니다.

렉사흐 이사의 설득으로 결국 바르셀로나는 메시를 영입하기로 했습니다. 성장 장애 치료비 전액을 대고 메시가 안심하고 운동에 전념할 수 있도록 가족들의 바르셀로나 이주와 생활비까지 지원하는 파격적인 조건이었습니다. 이 같은 대우를 받고 바르셀로나에 입단한 열세 살짜리 선수는 당시는 물론이고 지금도 나오지 않고 있습니다.

메시와 가족들은 2001년 2월 15일에 바르셀로나로 이주했고 3월에 메시는 바르셀로나와 유소년 팀 입단 계약을 맺었습니다.

메시가 바르셀로나에 입단하게 된 것은 정말 행운이었습니다. 바르셀로나에는 '라 마시아'라고 불리는 세계 최고의 유소년 선수 육성 시스템이 갖춰져 있기 때문입니다. 지금도 세계 최고 선수로 불리는 메시는 "바르셀로나에 입단해서 '라 마시아'에서 여러 가지를 배울 수 있었던 것은 정말 저에게 큰 행운입니다."라고 말하고 있습니다. 타고난 메시의 재능은 바르셀로나의 체계적인 육성 시스템에서 활짝 꽃을 피우게 됐습니다.

하지만 메시의 말대로 그저 운이 좋아서 바르셀로나에 입단하고 유소년 육성 시스템에서 자신의 잠재력을 맘껏 펼칠 수 있었을까요. 천만의 말씀입니다. 운은 노력하지 않는 사람에게는 절대로 따라오지 않습니다.

'라 마시아'만 해도 단계별로 엄청난 경쟁이 벌어집니다. 바르셀로나 1군에 올라가는 것은 낙타가 바늘구멍을 통과할 정도로 어렵습니다. 메시가 바르셀로나에 입단하게 된 첫 번째 이유는 아르헨티나 유소년 축구계에서 소문이 자자했기 때문입니다. 성장 호르몬 장애라는 사실에 좌절했다면 운은 열리지 않았을 것입니다. 바르셀로나 입단 후에도 줄기차게 노력했기 때문에 치열한 경쟁을 뚫고 1군 무대에까지 올라설 수 있었습니다. 해마다 바르셀로나 유소년 시스템에는 많은 유망주들이 입단하지만 마지막까지 살아남는 선수는 한 손에 꼽기 어려울 정도입니다.

나는 돌아가지 않겠습니다

"레오, 아무래도 안 되겠다. 바르셀로나는 우리 가족에게 맞지 않는 곳 같다. 다 함께 로사리오로 돌아가서 새로운 길을 찾아보자."

"……."

메시 가족은 2001년 2월 바르셀로나로 이민했습니다. 선수가 해외로 진출할 경우 당사자와 현지 생활을 챙겨줄 보호자 한 명 정도가 따라가는 것이 보통이지만 단란했던 메시 가족에게 서로 헤어져 지낸다는 것은 꿈도 꾸지 못할 일이었습니다.

그러나 새로운 곳에 적응하기는 쉽지 않았습니다. 일단 말이 제대로

통하지 않았습니다. 아르헨티나도 스페인어를 사용하는 나라지만 바르셀로나는 스페인어보다는 프랑스어에 가까운 카탈루냐어라는 고유의 말이 사용되는 지역입니다. 메시는 아직까지도 카탈루냐어를 알아듣기는 하지만 완벽하게 말하지는 못한다고 합니다.

　게다가 메시는 바르셀로나 유소년 팀 경기에 나서지 못했습니다. 아르헨티나 소속 팀이었던 뉴웰스는 메시가 갑작스럽게 팀을 떠난 것에 불만을 품고 이적 동의를 해주려고 하지 않았습니다. 이 때문에 메시는 스페인 축구협회에 등록이 될 수 없었습니다. 엎친 데 덮친 격으로 바르셀로나로 도착한 후 메시는 거듭된 부상으로 3개월 가까이 운동장에 나설 수 없었습니다.

　새로운 생활에 힘들어한 것은 메시뿐 아니라 가족도 마찬가지였습니다. 특히 메시의 막내 여동생인 마리아솔이 학교생활에 제대로 적응하지 못하며 무척 힘들어했습니다. 메시의 재능을 꽃피워주기 위해 스페인 이민이라는 어려운 결심을 한 메시의 부모님은 고민에 빠졌습니다. 바르셀로나에 도착하면 모든 것이 잘 풀려갈 것이라고 믿었지만 힘겨운 나날을 보낼 뿐, 미래가 보이지 않았기 때문입니다.

　어머니 셀리아는 고향 로사리오로 돌아가자고 가족들을 설득하기 시

작했습니다. 어디에서 살든지 가족 전체가 움직여야 한다는 것이 셀리아의 뜻이었습니다. 하지만 메시는 로사리오로 돌아가려 하지 않았습니다. 고향이 그리운 마음이야 다른 가족과 다르지 않았지만 프로축구 선수의 꿈을 포기할 수 없었기 때문입니다.

메시는 부모님에게 자신의 뜻을 분명히 밝혔습니다.

"어머니, 저는 고향으로 돌아가지 않겠습니다. 여기 남겠어요."

"레오, 가족은 즐거울 때나 어려울 때나 함께 있어야 한다. 너만 여기 남겨둘 수는 없어. 아르헨티나로 돌아가서 방법을 찾아보자. 꼭 여기 있어야 프로축구 선수가 되는 것은 아니잖니?"

"아뇨. 그렇지 않아요. 프리메라리가(스페인 1부 리그)에서 활약하는 선수가 되어서 우승을 차지할 겁니다. 그러기 전까지는 아무 데도 갈 수 없어요."

메시는 부드러운 성격이고 수줍음도 많이 타지만 축구에 관한 한 180도 달라집니다. 어렸을 때 투정을 부리다가도 '축구를 못 하게 한다.'는 말만 나오면 울음을 뚝 그칠 정도였습니다. 메시의 단호한 모습에 부모님은 그를 아르헨티나로 돌려보내는 것은 일어날 수 없는 일이라는 것을 깨달았습니다.

가족들은 다시 머리를 맞댈 수밖에 없었습니다. 결국 처음으로 가족들이 헤어져서 지내기로 결정을 내렸습니다. 2001년 여름휴가를 고향인 로사리오에서 함께 보낸 것을 끝으로 메시와 아버지 호르헤는 바르셀로나로 다시 건너갔고 어머니 셀리아와 나머지 가족들은 로사리오에 머물기로 했습니다.

이후에도 한동안 바르셀로나에서의 일은 잘 풀리지 않았습니다. 원래

낯가림이 심하고 수줍음을 잘 타는 성격인 메시는 동료들과 친해지는 데도 애를 먹었습니다.

그렇지만 메시는 단 한 번도 자신의 결정을 후회하거나 쉽지 않은 바르셀로나 생활에 투정을 부리지 않았다고 합니다. 눈물을 보이는 법이 없었음은 물론입니다. 바르셀로나에 남기로 스스로 결정한 만큼 결과에 대해서도 스스로가 책임져야 한다는 것을 알고 있었습니다. 꿈을 이루려면 힘든 일이 있더라도 참고 견뎌야 한다는 것을 그는 이미 깨닫고 있었던 것입니다.

집과 학교, 훈련장을 쳇바퀴처럼 오가는 생활이 이어졌습니다. 아버지 외에는 달리 말동무도 없었습니다. 훈련이나 경기가 끝나면 탈의실에서 옷을 갈아입고 조용히 집으로 향하는 메시를 동료들은 벙어리라 말을 하지 못하는 줄 알았다고 합니다.

그러나 메시는 운동장에서는 무섭게 타올랐습니다. 출전할 수 있는 경기가 많지 않았기 때문에 운동장에 나설 기회를 잡으면 가진 힘을 모두 쏟아 부었습니다. 타고난 재능에 더해 불같은 열정이 더해진 그의 플레이는 팀 관계자들의 눈을 사로잡았고 메시에 대한 칭찬은 빠른 속도로 번져 나갔습니다.

2002년 2월, 드디어 메시는 스페인축구협회에 정식으로 등록됐습니다. 그의 발에 채워졌던 족쇄 하나가 풀린 것입니다. 바르셀로나에 도착했을 때만 해도 147cm에 불과했던 키도 꾸준한 치료로 162cm까지 자라났습니다.

  메시의 거침없는 상승세는 이때부터 본격적으로 불이 붙었습니다. 스페인 국내외 유소년 대회에서 빼어난 활약을 펼치면서 '미래의 스타감'으로 주목받기 시작했습니다. 동갑내기인 세스크 파브레가스, 헤라르드 피케와 메시는 2002년 5월 이탈리아에서 열린 마에스트렐리 유소년 축구 대회에서 함께 우승을 차지한 것을 계기로 친해졌고 각기 다른 길을 거쳐 현재 바르셀로나의 공격과 수비의 핵심으로 팀을 떠받들고 있습니다.

  스스로 내린 결정에 책임을 지기 위해 노력을 거듭한 결과 메시는 팀 안팎에서 가치를 인정받게 된 것입니다. 메시는 '프리메라리가에 올라 우승을 차지하겠다.'는 목표를 세웠고 가족들과 자신에 한 약속을 지키기 위해 어려운 가운데서도 최선을 다했습니다. 바르셀로나에 입단한 후 1년간 쉽지 않은 시간이 이어졌고 가족들과도 헤어져 살아야 했지만 자신이 한 말에 책임을 지기 위해 끊임없는 노력을 기울였습니다.

메시가 쉽게 포기하는 나약한 성격을 지녔거나 스스로의 말에 책임을 지지 않는 무책임한 사람이었다면 제아무리 천재적인 재능을 가졌다고 해도 지금과 같은 세계 최고의 선수가 되지는 못했을 겁니다.

어느 별에서 왔니

　벤피카, FC 포르투, 스포르팅 CP의 세 팀은 포르투갈에서 가장 인기 있는 팀입니다. 모두 포르투갈 수도인 리스본을 연고로 하고 있는 라이벌 팀입니다. 이 가운데 가장 인기가 높은 팀은 벤피카입니다. 호날두의 아버지 디니스도 벤피카의 열렬한 팬이었습니다. 역사와 전통에서도 포르투, 스포르팅 CP에 훨씬 앞서 있습니다.

　소문이 자자한 마데이라의 꼬마 천재, 호날두에 대해 벤피카도 관심을 갖고 있었습니다. 그렇지만 호날두는 스포르팅 CP로 옮기게 되었습니다.

두 가지 이유가 있었기 때문입니다. 첫 번째는 호날두가 세상에서 가장 존경하고 따르는 어머니께서 스포르팅 CP 입단을 원했기 때문이었습니다. 호날두의 어머니는 스포르팅 CP의 열렬한 팬이었습니다.

당시 포르투갈 최고의 축구 스타는 루이스 피구였습니다. 피구는 스포르팅 CP에서 성장해 스페인 리그로 진출하며 스타가 되었습니다. 호날두의 어머니는 막내아들도 피구의 발자취를 따르기를 바랐습니다.

두 번째 이유는 호날두가 속해 있던 나시오날이 스포르팅 CP에 빚을 지고 있었기 때문입니다. 나시오날은 선수 이적 문제로 스포르팅 CP에 2만 2,500유로(약 3,400만 원)를 갚아야 했습니다.

나시오날은 스포르팅 CP에 돈을 갚는 대신에 훌륭한 선수로 자랄 가능성이 높은 호날두를 보내겠다는 제안을 했고 스포르팅 CP는 호날두의 실력을 직접 테스트해보기로 했습니다.

"우와, 제가 정말 스포르팅 CP의 테스트를 받게 되는 건가요?"

비행기 표를 받아 든 호날두는 기쁨과 설렘을 감추지 못했습니다. 리스본으로 갈 날짜만 손에 꼽으며 잠을 이루지 못했습니다. 포르투갈을 대표하는 프로 구단의 테스트를 받는다는 사실만으로도 가슴이 터질 것 같았습니다.

호날두는 1997년 4월, 스포르팅 CP 유소년 팀 관계자들이 지켜보는 가운데 입단 테스트를 치렀습니다.

잔뜩 주눅이 들어 있던 호날두는 볼을 잡자마자 펄펄 날기 시작했습니다. 스포르팅 유소년 팀 스카우트와 코치들은 호날두의 활약을 보고 말문이 막혀 서로 얼굴만 마주볼 뿐이었습니다. 자기보다 나이 많은 선수들을 상대로 하면서도 2~3명을 쉽게 제쳤고 누구도 호날두로부터 공을 가로채지 못했습니다.

호날두에 놀란 것은 함께 경기를 뛴 스포르팅 CP 유소년 팀 선수들도 마찬가지였습니다. 경기가 끝나자 함께 뛴 선수들은 호날두를 빙 둘러싸고 신기한 듯이 바라볼 뿐이었습니다.

모두들 '대체 이런 녀석이 어디 있다 이제야 나타난 거지?'라는 표정을 짓고 있었습니다.

스포르팅 유소년 팀 코치였던 오스발두 실바와 파울로 카르두주는 '기술적으로 굉장히 뛰어난 상태입니다. 특히 드리블은 최고의 경지에 올랐습니다. 계약할 것을 적극 추천합니다.'라는 내용의 보고서를 작성했습니다.

유소년 팀의 총책임자였던 아우렐로 페레이라는 이사진에 호날두의 테스트 결과에 대한 보고서를 제출했습니다.

그러나 모두들 터무니없다는 반응을 보였습니다. 구단 경영진들은 모

두 고개를 갸우뚱거렸습니다.

"빚을 갚는 대신 열두 살짜리 어린아이 한 명을 보낸다고? 이게 말이나 되는 소리입니까?"

"페레이라 씨. 우리 구단 역사상 어린 선수에게 이렇게 많은 돈을 투자한 예는 없습니다. 책임질 수 있는 결정인가요?"

반대에 부딪힌 페레이라 코치는 호날두의 테스트 보고서에 다음과 같은 글을 남겨 호날두와 반드시 계약해야 한다는 자신의 뜻을 전했습니다.

'현재 상황에서는 열두 살 소년의 스카우트 비용으로는 지나치게 많다고 생각할 수도 있습니다. 하지만 입단 테스트에서 확인한 모습으로 미뤄볼 때 미래에 대한 확실한 투자라는 생각이 듭니다. 이 소년과는 반드시 계약해야 한다고 생각합니다.'

유소년 팀 코치들의 의견은 결국 받아들여졌고 2개월간의 논의 끝에 호날두의 스포르팅 CP 입단이 결정됐습니다.

소식을 들은 호날두는 하늘로 날아오를 듯했습니다. 하지만 이내 마음이 편치 않아졌습니다. 부모님과 형, 누나와 떨어져 낯선 곳에서 혼자 지내야 한다는 사실에 겁이 난 것입니다. 가족들도 기뻐하기는 했지만 마냥 웃는 얼굴은 아니었습니다.

힘겨운 홀로서기

1997년 8월 가족들과 눈물로 작별한 호날두는 축구 선수의 꿈을 이루기 위해 리스본으로 향하는 비행기에 올랐습니다. 창문을 통해 멀어지는 고향 땅을 바라보는 호날두의 작은 가슴은 두려움과 기대가 한데 섞여 콩닥콩닥 뛰었습니다.

호날두의 어머니는 리스본으로 건너가 막내아들을 직접 챙겨주고 싶었습니다. 마을을 떠나 본 적이 없는 호날두가 낯선 곳에서 외로워할 생각을 하니 가슴이 미어졌습니다. 호날두를 따라가고 싶은 마음은 굴뚝같았지만 그럴 수 없었습니다. 청소와 요리 일을 하는 호날두 어머니의 수입으로도 식구들의 살림은 빠듯했습니다. 리스본으로 가면 일자리를 구

한다는 보장도 없었고, 집과 세간을 얻으려면 많은 돈이 필요했습니다.

호날두에게 축구를 가르쳐주는 것은 물론 먹고 자고 입는 것과 학교 공부까지 책임지겠다는 스포르팅 구단을 믿는 수밖에 없었습니다.

외딴 섬 마데이라에서 태어나고 자란 호날두에게 리스본은 낯설기만 했습니다. 가뜩이나 울음이 많았던 호날두는 타향살이에 적응하지 못해 밤마다 눈물로 베개를 적시며 가족들을 그리워했습니다.

무엇보다 호날두를 힘들게 했던 것은 말이 제대로 통하지 않는다는 것이었습니다. 리스본 사람들은 마데이라 사투리를 거의 알아듣지 못했습니다. 태어나서 마데이라 섬 밖으로 나가보지 못했던 호날두는 리스본 사람들이 완전히 다른 말을 쓰고 있다는 사실에 깜짝 놀랐습니다.

말이 통하지 않는 것도 답답한 노릇인데 친구들은 호날두의 사투리를 흉내 내며 놀리기까지 했습니다. 사투리 탓에 새로운 친구를 사귀기도 힘들었습니다. 열두 살 난 어린 호날두에게는 하루하루가 너무 힘들었습니다. 호날두는 가족들 품으로 돌아가고 싶은 나머지 잠자리에서 눈물로 밤을 지새우는 일이 많아졌습니다. 유일한 낙이 있다면 가족들과의 전화 통화 시간이었습니다.

하지만 호날두는 이내 마음을 고쳐먹었습니다.

베개를 끌어안고 눈물을 흘려봐야 아무것도 해결되지 않는다는 사실을 깨달은 것입니다. 호날두는 조금씩 자신의 마음을 다스리는 법을 찾아 나갔습니다. 눈앞에 고향 집과 마을, 골목을 함께 누비던 친구들이 떠오를 때면 연습에 매달렸습니다. 청소, 빨래 같은 것을 직접 해야 하는 기숙사 생활에도 적응하기 시작했고 새로운 친구도 사귀었습니다.

호날두는 스페인의 유명 라디오 프로그램인 '엘게라'에 출연해서 자신의 어린 시절을 이렇게 회상했습니다.

"마데이라를 떠난 후 저는 매일같이 울었습니다. 아주 힘든 시기를 겪었죠. 그러나 저는 포기하지 않았습니다. 어려움을 극복하면 언젠가 특별한 사람이 될 수 있다는 사실을 믿었기 때문입니다. 누구든 자신의 꿈을 믿고 열심히 노력한다면 인생에서 무엇인가를 반드시 이룰 수 있다고 생각합니다."

호날두는 스포르팅 CP 유소년 팀에 처음 들어갔을 때 겪었던 어려움을 지금도 잊지 않고 있습니다. 그는 "스포르팅 CP 시절을 거쳤기 때문에 오늘날의 제가 있을 수 있다고 생각합니다."라고 말합니다. 어려운 시간을 보냈기 때문에 몸도 마음도 강인해질 수 있었다는 겁니다.

그는 한 인터뷰에서 이렇게 말했습니다.

"부모님과 함께라면 저는 그저 어린아이가 되어 압박감도 느끼지 않았고 책임질 일도 없이 평범하게 자랄 수 있었을 것입니다. 그러나 저는 12~13세 무렵부터 스스로를 돌보아야 했고 그러면서 성장하기 시작했습니다. 그 같은 환경에 놓였다면 누구라도 성숙해질 수밖에 없습니다. 마데이라를 떠나 리스본으로 가도록 결정해준 가족들에게 진심으로 고맙게 생각하고 있습니다. 가족들과 함께 있었다면 행복했을 테지만 제가 지금과 같은 모습이 되지는 않았을 겁니다."

호날두가 지금처럼 훌륭한 축구 선수가 된 것은 진정한 용기를 지니고 있기 때문입니다. 말이 통하지 않고 아는 사람 하나 없는, 낯설고 두려운 환경으로부터 호날두가 달아났다면 그는 지금처럼 세계적인 축구 선수가 되지 못했을 겁니다.

하지만 호날두는 고향으로 돌아가고 싶은 마음을 억누르고 낯선 환경에 적응하기 위해 최선을 다해 노력했고, 결국 모든 어려움을 이겨냈습니다. 두려움을 이겨내고 꿈과 미래를 위해 자신을 이겨냈다는 점에서 호날두는 진정 용기 있는 사람이라고 할 수 있습니다.

호날두가 스포르팅 CP 유소년 팀에서 배운 가장 중요한 것은 축구 기술이 아니라 어려움을 스스로 이겨내고 두려움 없이 도전하는 용기입니다.

외톨이에서 팀의 중심으로

그라운드 위를 누비는 크리스티아누 호날두의 모습은 환상적입니다. 공격수로서 무엇 하나 부족한 것이 없습니다. 왼발과 오른발을 모두 자유자재로 사용합니다. 40m가 넘는 먼 거리에서도 골네트를 가르는 '미사일 슈팅'은 지구상에서 호날두만이 만들어낼 수 있는 광경입니다. 단거리 육상 선수를 연상시키는 폭발적인 스피드에 축구공을 발에 붙이고 다니는 듯한 드리블 솜씨를 자랑합니다. 186.5cm의 큰 키에 농구선수를 능가하는 점프력을 지니고 있어 상대 수비수에 한발 앞서 헤딩슛을 날릴 수 있습니다.

누구에게나 '축구 선수로서 완벽하다.'는 칭찬을 받는 호날두입니다.

그렇다면 호날두는 축구를 시작할 때부터 완벽한 선수였을까요? 그렇지 않습니다. 호날두는 물론 뛰어난 재능을 타고났지만 그가 현재 경기장에서 보여주는 모습 대부분은 끊임없는 노력을 통해 만들어낸 것입니다.

호날두는 스포르팅 CP 유소년 팀에서 외로움을 잊기 위해 악착같이 훈련에 매달렸습니다. 새로운 생활에 어느 정도 적응이 되자 호날두는 스스로를 위해, 또 가족을 위해 자신이 할 수 있는 일은 최고의 축구 선수가 되는 길이라고 생각하고 훈련에 훈련을 거듭했습니다. 눈물 많고 나약했던 호날두는 하루가 다르게 강인해졌습니다. 몸도 마음도 쑥쑥 자라나기 시작했습니다.

호날두는 그 어떤 것도 다른 사람에게 뒤처지는 것을 견디지 못했습니다. 경쟁이라면 무조건 승리해야 직성이 풀렸습니다. 축구 경기뿐 아니라 연습에서도, 심지어 달리기 같은 기초 훈련과 탁구 같은 다른 종목 운동에서도 그는 남보다 앞서기를 원했습니다. 노력을 하지 않고 이기기를 바란다면 욕심에 불과하겠지만 호날두는 승리를 원하는 만큼의 피나는 노력을 기울였습니다.

훈련장에 가장 일찍 나와서 가장 늦게 숙소로 돌아갔습니다. 정해진 훈련만으로는 성이 차지 않아 항상 '어떻게 하면 조금 더 오랫동안 연습

할 수 있을까? 하고 궁리를 거듭했습니다. 정해진 훈련만으로도 몸이 피곤할 법하지만 그는 모두가 잠에 곯아떨어진 새벽까지 스스로를 단련했습니다.

깡말랐던 호날두는 몸을 근육질로 만들고 싶어 했습니다. 그렇지만 숙소에서는 운동을 하고 싶어도 한계가 있었습니다. 어느 날 호날두는 웨이트 트레이닝장이 새벽에도 문이 열려 있다는 사실을 우연히 알게 됐습니다. 호날두는 친구들과 함께 밤이 깊으면 웨이트 트레이닝장에 몰래 들어가 역기에 매달렸습니다. 하지만 관리인이 '도둑고양이'들의 존재를 눈치챈 늦은 밤의 비밀 훈련이 오래가지는 못했습니다.

파울로 카르두주 코치는 스포르팅 CP 입단 테스트를 치렀을 때부터 호날두의 성장을 쭉 지켜본 사람입니다. 카르두주 코치는 어느 날 이른 아침 체육관에서 양쪽 다리에 뭔가를 매달고 있는 호날두를 만났습니다.

"호날두, 대체 여기서 뭘 하고 있는 거지?"

"드리블 연습을 하고 있잖아요. 이렇게 연습을 하면 경기장에서는 더 빠르게 공을 몰 수 있을 것 같아서요."

카르두주 코치가 자세히 살펴보니 호날두는 양쪽 다리에 모래주머니

를 차고 공 다루는 연습을 하고 있었습니다. 호날두는 남들보다 빠른 발놀림을 위해 몇 년 동안이나 다리에 모래주머니를 매달고 훈련을 해왔던 것입니다.

  그렇다고 해서 호날두가 자기만을 아는 이기적인 사람이었던 것은 아닙니다. 정정당당히 겨루는 승부에서는 누구에게도 지기 싫어하는 호날두였지만 평소에는 친구들을 위해 헌신하고 약한 동료를 돌보는 따뜻한 마음을 가진 소년이었습니다.

어느 날 숙소에 침대가 모자란 스포르팅 CP는 유소년 팀 인원을 줄이기로 결정했습니다. 몇몇 선수는 팀에 남고 싶어도 어쩔 수 없이 떠나야 하는 상황을 맞게 됐습니다. 호날두와 절친했던 세메두도 그중 한 명이었습니다. 눈물을 흘리며 짐을 꾸리는 친구를 본 호날두는 용기를 내어 코치실로 향했습니다.

"부탁드릴 것이 있어서 찾아왔습니다."

"무슨 일이냐 호날두, 말해 보거라."

"침대가 모자라서 팀을 떠나는 친구들이 있는 걸로 알고 있습니다."

"팀 사정상 어쩔 수 없게 됐구나. 그런데 그건 왜?"

"그렇다면 제 침대를 세메두에게 주고 싶습니다. 저는 소파나 바닥 아무 데서라도 잘 수 있습니다. 세메두가 팀에 남게 해주세요."

호날두의 갸륵한 마음씨에 감동한 코치 선생님들은 결국 호날두의 방에 있는 2개의 침대를 세 명이 나눠 쓸 수 있도록 허락했고 세메두는 팀에 남을 수 있었습니다.

호날두는 불의에 굽히지 않는 용감한 소년이기도 했습니다.

어느 날 호날두와 친구들은 학교 수업을 마치고 훈련장으로 돌아가는 길에 불량배를 만났습니다. 그들은 호날두 일행에게 가진 돈을 다 털어

놓으라고 협박했습니다. 다른 친구들은 모두 줄행랑을 놨지만 호날두는 도망치지 않았습니다. 당당하게 불량배와 맞서 싸웠습니다. 악착같이 덤벼드는 호날두에게 혼쭐이 난 불량배는 이후 훈련장 근처에 얼씬도 하지 않았습니다. 용기를 잃지 않고 맞선 호날두가 아니었다면 스포르팅 CP 유소년 선수들은 두고두고 불량배에게 괴롭힘을 당했을지 모릅니다.

　그라운드 안팎에서의 용기 있는 모습으로 호날두는 자연스럽게 팀의 리더가 됐습니다. 마데이라 섬에서 건너와 말도 제대로 통하지 않던 촌뜨기가 동료들에게 존중받는 팀의 중심으로 우뚝 선 것입니다.

4장
일곱 번 넘어지면 여덟 번 일어난다

리오넬 메시 VS 크리스티아누 호날두

내 조국은 아르헨티나입니다

메시의 천재성은 2003년에 본격적으로 빛을 드러내기 시작합니다. 그는 유소년 팀의 마지막 단계인 주벤빌 A팀(18세 이하)에서 출전한 11경기에서 18골을 터트렸습니다. 성인 팀의 가장 아래 단계인 바르셀로나 C팀으로 간 후에는 3부 리그 10경기에서 5골을 넣어 곧바로 바르셀로나 B팀(2부 리그)의 부름을 받았습니다.

"더 이상 청소년 팀에 머물게 하는 것은 의미가 없어. 나이만 열여섯이지 이미 성인 뺨치는 실력을 지니고 있어. A팀에 올린다고 해도 충분히 제 몫을 할 거야."

바르셀로나 팀 관계자들은 메시의 플레이를 볼 때면 이런 얘기를 주고받으며 스타로 발돋움할 준비가 마무리 단계에 들어섰음을 인정했습니다.

메시가 유망주들이 많기로 소문난 바르셀로나 유소년 팀에서도 가장 뛰어난 모습을 보이자 스페인 축구협회에서는 그에게 귀화를 제의했습니다. 스페인 국적을 취득한 후 청소년 대표팀에서 활약하라는 것이었습니다. 스페인 프리메라리가에서는 유럽국가연합(EU) 출신이 아닌 선수들은 출전에 제한을 받습니다. 경기당 EU 출신이 아닌 선수들의 출전은 3명을 초과할 수 없습니다. 스페인으로 귀화하라는 것은 메시 개인적으로 볼 때는 여러 가지로 유리한 점이 많은 제안이었습니다.

하지만 메시는 자신이 태어나고 자란 조국을 잊지 않았습니다. 그는 "뜻은 감사합니다만 저는 아르헨티나 사람입니다. 스페인으로 건너와서 키가 자라지 않는 병을 치료했고 축구 선수로서도 크게 발전할 수 있었지만 저는 아르헨티나 사람이기 때문에 아르헨티나 대표팀에서 뛰고 싶습니다."라고 정중하게 스페인축구협회의 제안을 거절했습니다.

스페인축구협회의 제의를 거절한 보람은 있었습니다. 메시가 처음으로 세계적으로 이름을 알린 것이 조국 아르헨티나 대표팀의 유니폼을

입고서였기 때문입니다.

　메시는 2004년 9월 스페인 프리메라리가 무대를 처음 밟았습니다. 나이도 어린데다가 EU 소속 국가 출신이 아니었기 때문에 많은 출전 기회를 잡지는 못했습니다. 하지만 스페인 프리메라리가에서의 첫 시즌이 끝난 후 메시는 네덜란드에서 열린 2005 국제축구연맹(FIFA) 청소년 월드컵(20세 이하)에 아르헨티나 대표로 출전하여 팀을 우승으로 이끌며 득점왕과 최우수선수상을 모두 휩쓸었습니다.

　1986년 멕시코 월드컵에서 아르헨티나를 우승으로 이끈 디에고 마라도나는 아르헨티나의 국민 영웅입니다. 그를 신처럼 떠받드는 사람들이 있을 정도로 국민들에게 절대적인 사랑과 지지를 받고 있습니다. 아르헨티나 출신으로 세계에서 가장 유명한 사람이기도 합니다.

　네덜란드 청소년 월드컵을 계기로 메시는 아르헨티나 국민뿐 아니라 전 세계 축구 팬들로부터 마라도나와 비교 대상이 되기 시작했습니다. 169cm의 작은 키, 왼발잡이라는 점, 플레이 메이커로서 뛰어난 득점력을 지니고 있다는 점 등 두 사람의 공통점은 너무나 많았습니다.

　마라도나가 아르헨티나에서 '살아 있는 신'으로 대접받는 까닭은 아르

헨티나 국가 전체가 패배의식에 젖어 있을 때 멕시코 월드컵에서 우승을 이끌며 국민의 자존심을 회복시켰기 때문입니다. 1980년대 들어 정치와 경제적으로 어려움이 계속되며 '3류 국가'로 전락했던 아르헨티나 국민들에게 '우리도 세계 정상에 설 수 있다'는 꿈과 희망을 불어넣은 것입니다.

아르헨티나에서는 마라도나가 현역에서 물러난 후 '제2의 마라도나' 찾기 노력이 이어지고 있었습니다. 그렇지만 누구도 마라도나가 이룩했던 것 같은 업적을 만들어내지 못했고, 마라도나 시대 이후 아르헨티나 축구는 국제무대에서 실망스러운 성적을 거듭했습니다. 2002년 한·일 월드컵에서 아르헨티나 국민들에게는 '원수의 나라'인 잉글랜드에 패배하여 조별리그 탈락이라는 망신까지 겪게 되었습니다.

이런 마당에 마라도나를 꼭 빼닮은 천재 선수가 나타났으니 아르헨티나 국민들의 가슴이 설렐 만도 했습니다.

메시를 2006년 독일 월드컵 본선에 출전시킨 것도 '제2의 마라도나'에 대한 국민적인 열망이 작용한 결과였습니다.

메시는 2006년 3월 첼시와의 유럽축구연맹(UEFA) 챔피언스리그 경기에서 무릎을 다쳤고 이후 시즌이 끝날 때까지 운동장에 나서지 못했습니다. 또 열여덟 살에 불과한 선수를 월드컵 본선에 출전시킨 전례는 아르헨티나 축구 역사상 없었습니다. 마라도나조차 열여덟 살이었던 1978년 '나이가 어리다'는 이유로 조국에서 열린 월드컵 대표팀에 뽑히지 못했고 스물두 살이던 1982년 스페인에서 처음으로 월드컵 본선 무대에 섰습니다.

메시는 2006년 독일 월드컵에서 주로 교체 선수로 기용되며 1골 1도움을 올렸습니다. 아르헨티나는 8강에서 개최국 독일에 져 탈락했지만 메시는 그 경기에 출전할 기회조차 갖지 못했습니다. 쟁쟁한 선배들이 많은 아르헨티나 대표팀에서 메시가 차지하는 몫은 클 수 없었습니다.

철인이 된 유리 몸

　천재란 과정 없이 어떤 목표를 아주 쉽게 이뤄내는 사람을 말합니다. 그런 의미에서라면 리오넬 메시나 크리스티아누 호날두를 천재라고 부를 수 없습니다. 누구 못지않게 혹독한 시련기를 거쳐서 오늘날의 영광을 누리고 있기 때문입니다.

　운동선수를 가장 힘들게 하는 것은 부상입니다. 제아무리 뛰어난 재능을 지닌 선수라고 해도 부상을 자주 당해 경기를 많이 뛰지 못한다면 높은 평가를 받을 수 없습니다. 부상은 운이 따르지 않아 당하는 경우가 대부분이지만 스스로 몸 관리를 제대로 하지 못해서 일어나기도 합니다.

　메시의 경우에도 데뷔 초기에는 부상으로 큰 어려움을 겪었습니다.

화려한 발재간과 골 결정력으로 높은 평가를 받았지만 지나치게 많은 부상을 당해 '유리 몸'이라는 별명을 얻기까지 했습니다. '유리 몸'은 조금만 건드려도 깨질 정도로 허약하다는 뜻을 지니고 있습니다. 거친 몸싸움을 견뎌내야 하는 축구 선수에게는 듣기 창피한 별명입니다.

2006~2007시즌과 2007~2008시즌, 메시는 세계 축구 팬들을 깜짝 놀라게 한 화려한 골을 많이 넣었지만 거듭되는 부상과 싸우고 어수선한 팀 안팎의 사정으로 인해 힘든 시간을 보냈습니다. 그렇지만 모든 영웅들이 그렇듯이 메시는 어려움을 만날 때마다 좌절하거나 포기하지 않고 더욱 강인해졌습니다.

첫 시련은 2006년 11월 찾아들었습니다. 레알 사라고사와의 스페인 프리메라리가 경기 도중 왼쪽 발등의 뼈가 부러지는 큰 부상을 당했습니다. 정밀 진단 결과 3개월이나 경기에 나설 수 없다는 판정을 받았습니다. 축구가 인생의 전부였던 메시에게 경기장에 나설 수 없다는 것은 하늘이 무너지는 것과 같은 소리였습니다.

3개월간의 치료를 끝낸 메시는 2007년 2월 그라운드에 다시 섰습니다. 그렇지만 이번에는 골이 터지지 않았습니다. 7경기 연속으로 골 맛을 보지 못했습니다. 어시스트조차 하나도 기록하지 못했습니다. 정신

적으로 나약했던 선수라면 긴 슬럼프에 빠졌을지도 모릅니다.

하지만 메시는 보통 선수들과는 달랐습니다. 2007년 3월 10일 캄프 노우에서 열린 숙적 레알 마드리드와의 라이벌전에서 3골을 터트리며 홈 팬들을 열광시켰습니다. 메시가 1군 무대에 데뷔한 후 처음으로 기록한 해트트릭입니다. 당시 레알 마드리드를 지휘하던 파비오 카펠로 감독은 경기 후 메시를 가리켜 '악마 같은 소년'이라고 말하며 혀를 내둘렀습니다.

레알 마드리드가 달아나면 메시는 기어코 골을 터트려 동점을 만들어 냈습니다. 전반 5분 레알 마드리드가 뤼트 판 니스텔로이의 골로 앞서 나갔습니다. 메시는 전반 11분 사무엘 에투의 패스를 받아 경기 첫 골을 터트렸습니다. 메시는 유니폼 상의를 추어올렸고 속옷에 쓰인 '아저씨, 힘내세요.'라는 글귀가 드러났습니다. 아버지를 잃는 슬픔을 겪은 고국의 클라우디오 아저씨에게 보내는 위로의 메시지였습니다.

메시는 전반 28분에 두 번째 골을 터트렸고 2 대 3으로 뒤진 후반 추가 시간 극적인 동점 골을 터트리며 레알 마드리드의 승리를 무산시켰습니다.

하지만 메시는 2006~2007시즌을 단 한 개의 우승 메달도 얻지 못한 채

마쳤습니다. 2006년 3월 허벅지 부상으로 시즌을 일찍 마감한 탓에 우승의 기쁨을 그라운드에서 누리지 못했던 메시로서는 아쉬움이 클 수밖에 없었습니다.

 소속 팀에서 누리지 못한 아쉬움을 대표팀에서 풀어보려 했지만 이 역시 뜻대로 되지 않았습니다. 베네수엘라에서 열린 2007 남미축구 선수권(코파아메리카)에 아르헨티나 대표로 출전했지만 결승전에서 라이벌 브라질에 0 대 3으로 참패하며 준우승에 머물고 말았습니다.

 그러나 메시는 2007~2008시즌 초반에 절정의 골 감각을 과시했습니다. 2008년 1월에는 국제축구연맹(FIFA)이 시상하는 '2007년 올해의 선수상'에서 당시 AC 밀란(이탈리아)에서 활약하던 브라질의 카카에 이어 2위를 차지하는 영예까지 안았습니다.

 그렇지만 메시는 2008년 3월 또다시 허벅지 근육 파열이라는 큰 부상을 당했습니다. 바르셀로나에 굉장히 중요한 시기였다는 점에서 아쉬움은 더욱 클 수밖에 없었습니다. 고비마다 부상을 당해 팀에 공헌하지 못하자 여론이 들끓었습니다. 바르셀로나 지역 신문들은 당시 팀을 지휘하던 프랑크 레이카르트 감독의 줏대 없는 선수 발탁이 메시를 부상당하게 만들었다고 지적했습니다. 메시가 정상적인 몸 상태가 아님에도

무리하게 출전시켰다는 주장이었습니다.

메시는 6주 만에 그라운드에 복귀했지만 쓰라린 패배가 그를 기다리고 있었습니다. 바르셀로나는 유럽축구연맹(UEFA) 챔피언스리그 4강에서 맨체스터 유나이티드에 패배해 결승 진출이 무산됐습니다. 스페인 프리메라리가에서는 레알 마드리드는 물론 비야레알에도 밀리며 3위에 그쳤습니다. 바르셀로나는 5월 7일 레알 마드리드와의 원정 경기에서 1대 4로 대패하는 수모까지 당했습니다. 메시는 분한 나머지 밤잠을 이루지 못했다고 합니다.

메시는 2007~2008시즌이 지난 후 부상과 작별했습니다. 그리고 그 이후 중요한 순간 부상으로 경기에 나서지 못한 적은 단 한 번도 없습니다. 강도 높은 훈련으로 근육을 강화시켜 부상의 위험성을 최소화시킨 탓입니다. 2006~2008시즌 팀이 좋은 성적을 거두지 못한 배경에는 자신의 부상이 있음을 깨닫고 '유리 몸'을 '철인'으로 변화시킨 것입니다.

이제 대표팀에서 웃을 차례

2007년 4월, 메시가 '마라도나의 후계자'로 공인받는 사건이 벌어집니다. 스페인과 아르헨티나는 물론 전 세계를 발칵 뒤집어 놓았습니다.

마라도나는 1986년 멕시코 월드컵 8강전에서 잉글랜드를 상대로 60m를 단독 드리블하여 상대 선수 6명을 제치고 골을 터트렸습니다. 지금까지도 월드컵 역사상 가장 멋진 득점 장면으로 꼽힙니다.

메시는 2007년 4월 18일 헤타페와의 스페인국왕컵 4강전 경기에서 마라도나가 잉글랜드를 상대로 터트렸던 골을 똑같이 재현해냈습니다. 60m를 바람처럼 공을 몰고 가며 상대 수비수 5명과 골키퍼까지 제치고

골을 넣었습니다. 메시에 대한 전 세계인의 기대는 높아져만 갔습니다. 특히 아르헨티나 축구팬들은 그토록 기다리던 '마라도나의 후계자'를 발견했다는 기쁨에 들뜰 수밖에 없었습니다.

 메시는 2008년 여름 조국에 큰 선물을 안깁니다. 축구 대표팀으로 베이징 올림픽에 출전해 금메달을 따낸 것입니다.

 2007~2008시즌 한 개의 우승 트로피도 차지하지 못했던 바르셀로나는 2008년 시즌 개막을 앞두고 여러 가지 변화를 시도합니다. 바르셀로나 B팀을 지휘하던 펩 과르디올라 감독이 새롭게 부임했고 호나우지뉴와 데쿠 같은 선수들을 내보내고 젊은 선수들을 팀의 대들보로 삼으려 한 것입니다. 그 중심에는 당연히 메시가 있었습니다.

 그런데 메시는 시즌 개막을 앞두고 열리는 베이징 올림픽 출전을 강력히 희망했습니다. 팀 관계자들은 절대로 허락할 수 없다고 했지만 메시는 포기하려고 들지 않았습니다. 베이징 올림픽 기간 중에 2008~2009 유럽축구연맹(UEFA) 챔피언스리그 3차 예선 일정이 잡혀 있었고 메시는 2004년 1군에 데뷔한 후 여러 차례 크고 작은 부상에 시달려 왔기 때문에 바르셀로나로서는 올림픽 출전을 허락하기 힘든 상황이었습니다. 올림픽에서 메시가 부상이라도 당하는 날에는 '새 출발'의 시작 과정에

서부터 팀이 흔들리기 때문이었습니다.

하지만 메시는 올림픽 출전을 진심으로 원했습니다. 결국 과르디올라 감독은 메시의 희망을 들어줄 수밖에 없었습니다.

메시는 베이징 올림픽에서 당당히 금메달을 목에 걸었습니다. 이 금메달은 '메시 시대'의 시작을 알리는 신호탄이었습니다. 이후 메시는 바르셀로나에서 최고 활약을 펼치고 있습니다. 유럽축구연맹(UEFA) 챔피언스리그에서 두 번, 스페인 프리메라리가에서 세 번, 국제축구연맹(FIFA) 클럽 월드컵에서 두 번 우승을 차지했고 FIFA가 세계 최고 선수에게 주는 '올해의 선수'로 세 번 연속 뽑혔습니다.

하지만 메시는 아르헨티나 대표팀에서는 바르셀로나에서

처럼 좋은 결과를 내지 못했습니다. 아르헨티나에서는 메시가 대표팀에서는 바르셀로나에서만큼 열심히 하지 않는다고 생각하는 사람들이 늘어났습니다.

"메시는 아르헨티나를 사랑하지 않는 것 같아. 하긴 아르헨티나에서 살았던 것보다 스페인에서 산 시간이 더 많으니까."

"스페인 국적도 가지고 있잖아. 아르헨티나 대표팀 경기를 대충 뛰고 있는 것 같아."

"경기를 앞두고 국가를 부르지 않은 적도 있어. 애국심에 문제가 있는 것이 분명해. 그렇지 않고서는 바르셀로나에서 그렇게 많이 넣던 골이 어떻게 대표팀 경기에서는 이렇게 터지지 않을 수 있어?"

오해와 험담이 꼬리를 물었습니다.

다른 나라에서는 바르셀로나에서의 활약만으로도 이미 세계 최고라는 소리를 듣는데, 정작 자신이 가장 사랑하는 조국에서 험담이 나오니 메시는 괴로울 수밖에 없었습니다. 특히 2011년 아르헨티나에서 열린 코파아메리카(남미축구 선수권) 때는 골을 터트리지 못하자 홈 팬들로부터 야유가 쏟아지기도 했습니다.

팬들의 비난이 도에 지나치다고 여긴 훌리오 그론도나 아르헨티나 축

구협회 회장이 나서서 "대표팀 경기에서 메시를 계속 보고 싶다면 더 이상 그를 괴롭혀서는 안 됩니다."라고 말할 정도였습니다.

하지만 메시는 포기하지 않고 대표팀 경기에 빠짐없이 출전했고 2012년 들어 대표팀에서도 바르셀로나 못지않은 활약을 하고 있습니다.

메시는 2012년 한해 동안 열린 아르헨티나 대표팀의 9경기에서 12골을 터트리며 맹활약했습니다. 2009년부터 2011년까지 3년간 아르헨티나 대표팀 경기에서 기록한 득점(9골)보다 많은 숫자입니다. 아르헨티나 대표팀의 주장도 맡고 있습니다. 이제 고국에서 더 이상 메시에 대한 험담과 비방은 나오지 않고 있습니다.

메시에게 유일하게 남은 목표는 월드컵 우승입니다. 세 번째로 도전하는 월드컵인 2014년 브라질 대회에서 메시가 사랑하는 조국에 우승 트로피를 선물할 수 있을지 궁금합니다.

두 번의 EPL 도전 실패, 그리고 맨유와의 만남

　　　　　　스포르팅 CP에서 외로움을 견뎌내고 혹독한 훈련을 거듭하며 호날두의 몸과 마음은 하루가 다르게 성장해 나갔습니다.

2001년, 열여섯 살의 호날두는 아직까지 어린 나이였지만 실력으로 따지자면 팀에서 첫 손에 꼽혔습니다. 나이는 어렸지만 성인 선수들도 당해내기 어려운 스피드와 개인기를 지니고 있었습니다. 스포르팅 CP 구단 관계자들은 2002년 호날두를 1군 팀에 정식으로 승격시키기로 결정했습니다.

그리고 호날두는 모레이렌세와의 1군 데뷔전에서 두 골을 터트리며 3

대 0 승리를 이끌어 포르투갈 축구계를 깜짝 놀라게 했습니다. 전 세계에서 가능성 있는 선수들을 물색하는 유명 축구 클럽의 레이더에 호날두처럼 재능 있는 유망주가 걸려들지 않을 리가 없습니다.

호날두에 처음으로 주목한 팀은 잉글랜드 프리미어리그의 리버풀과 아스널이었습니다. 당시 리버풀을 이끌던 제라르 울리에 감독은 호날두의 잠재력에 높은 점수를 주었지만 팀 관계자들은 '당장 1군에서 뛰기에는 어리다.'는 이유로 고개를 가로저었습니다. 아르센 벵거 아스널 감독 역시 호날두가 슈퍼스타로 성장할 것이라는 확신을 가지고 맞아들일 뜻을 밝혔지만 구단은 움직이지 않았습니다.

호날두는 실망했습니다. 고향에서 요리사와 청소부로 일하며 가족들을 뒷바라지하는 어머니의 허리를 펴드릴 수 있는 기회를 놓쳤기 때문입니다. 호날두의 가장 큰 희망은 자신이 많은 돈을 벌어서 사랑하는 가족들을 가난에서 벗어나게 하는 것이었습니다.

그러나 리버풀과 아스널에서 퇴짜를 맞은 것은 오히려 행운이었습니다. 호날두에게 아버지 같은 존재인 알렉스 퍼거슨 맨체스터 유나이티드 감독과의 만남이 기다리고 있었으니까요.

2003년 8월 6일, 스포르팅 CP의 새로운 경기장인 알발라데 스타디움

에서 열린 맨체스터 유나이티드(맨유)와의 친선 경기에서 호날두는 펄펄 날았습니다. 세계적인 명성을 얻고 있던 맨유 선수들은 열여덟 살에 불과한 호날두를 잡지 못해 쩔쩔 맸고 결국 스포르팅 CP는 3 대 1로 승리를 거두는 기쁨을 누렸습니다.

사실 퍼거슨 감독은 경기 전 이미 스포르팅 CP 구단과 1년 후 호날두를 맨유로 옮긴다는 합의를 한 상태였습니다. 그러나 호날두의 실력을 눈으로 확인한 퍼거슨 감독은 당장 그를 데리고 가야겠다는 결심을 굳혔습니다. 퍼거슨 감독은 경기가 끝나자마자 호날두를 만났습니다.

"자네 실력 정말 대단하네. 오늘 경기를 통해서 깊은 감명을 받았네. 우리 팀 선수들도 온통 자네에 대한 칭찬뿐이야. 나와 함께 하지 않겠나?"

호날두는 믿어지지 않았습니다. 세계 최고의 축구 지도자가 자신의 실력을 인정한 것입니다. 가슴이 벅차올라 견딜 수 없었습니다.

맨유와의 친선 경기 이틀 후, 호날두는 두근거리는 가슴을 안고 맨체스터에 도착했습니다. 경기장과 훈련 시설을 둘러보며 황홀할 정도의 기쁨을 느꼈습니다.

'마데이라 출신의 내가 이곳에서 세계 최고의 선수들과 함께 생활한

다는 말이지. 정말 대단해! 이제 계약을 맺고 다시 포르투갈로 돌아가면 내년쯤 다시 이곳에 올 수 있겠지. 어서 빨리 이곳에서 훈련할 수 있는 때가 왔으면 좋겠다!'

호날두는 맨유와 계약을 맺더라도 포르투갈로 돌아가 실력을 더 키워야 한다고 생각한 것입니다.

그러나 퍼거슨 감독의 생각은 달랐습니다.

"호날두, 일단 한 시즌은 여기에 머무는 것이 좋겠어. 훈련에 참가할 준비를 하게."

"네? 저는 포르투갈로 돌아갈 줄 알고 짐도 제대로 싸오지 않았는걸요?"

"괜찮아. 짐은 나중에 싸와도 돼. 내일 당장 훈련장에 나와. 개막까지 시간이 없어."

호날두에 대한 퍼거슨 감독의 사랑은 등 번호에서도 드러납니다.

퍼거슨 감독은 계약을 앞두고 호날두에게 물었습니다.

"등 번호는 몇 번을 원하나?"

"포르투갈에서처럼 28번을 달고 싶어요."

하지만 퍼거슨 감독은 반대했습니다.

"아니야. 그보다는 7번이 좋겠어. 7번 유니폼을 입도록 해."

등 번호 7번은 맨유에서 가장 뛰어난 선수들에게 돌아가는 전통이 있습니다. 호날두에 앞서 조지 베스트, 브라이언 롭슨, 에릭 칸토나, 데이비드 베컴 같은 선수들이 7번을 달고 팬들로부터 깊은 존경과 사랑을 받았습니다.

이름도 알려지지 않은 호날두에게 7번 유니폼을 입힌 퍼거슨 감독의 결정에 모두들 고개를 갸우뚱거렸습니다. 포르투갈에서 온 열여덟 살짜리 선수가 맨유 전설들의 번호를 이어받았으니 이상하게 여긴 것도 무리가 아닙니다.

퍼거슨 감독은 선수들에게 눈물이 찔끔 날 정도로 무섭게 호통을 치는 것으로 유명합니다. 그러나 호날두에게만큼은 여러 가지로 자상하게 신경을 써 주었습니다. 나중에 밝혀진 일이지만, 호날두가 맨유에 입단할 당시 퍼거슨 감독은 그의 에이전트에게 "호날두는 세계 최고의 선수가 될 수 있는 재능을 가지고 있네. 하지만 그렇게 될 때까지는 시간이 필요해. 나에게 맡겨준다면 잠재력을 꽃피울 수 있도록 책임지겠네."라고 약속을 했습니다.

퍼거슨 감독은 호날두가 맨유에 들어올 때의 약속을 지켰습니다. 호

날두가 힘들고 어려울 때마다 퍼거슨 감독은 용기를 북돋아 주었고 가장 좋은 해결 방법을 제시했습니다.

호날두도 그 믿음을 저버리지 않았습니다. 경기장에 나설 때마다 최선을 다했고 자신의 단점을 개선하기 위해 열심히 노력했습니다. 비록 호날두가 2009년 레알 마드리드(스페인)로 이적하며 지금은 다른 길을 걷고 있지만 두 사람은 아직도 서로를 아버지와 아들처럼 여기고 있습니다.

퍼거슨 감독은 호날두의 재능과 잠재력을 믿었고 호날두는 스승의 가르침을 믿고 따랐습니다. 스승과 제자가 서로에 대한 굳건한 믿음을 지킨 결과 호날두는 세계 최고로 올라설 수 있었습니다.

아버지의
이름으로

 호날두는 최고의 순간을 맞기까지 많은 어려움을 겪었습니다. 하지만 결코 시련에 굴복하지 않았습니다. 어려움이 닥칠 때마다 주위에서 여러 사람이 용기를 불어넣어 주었지만 그보다 중요한 것은 스스로 용기를 잃지 않았다는 점입니다.

 누가 뭐라고 하든 호날두는 자신의 목표를 향해 묵묵히 앞으로 나아갔습니다. 마데이라 섬을 떠난 후 지금에 이르기까지, 호날두는 단 한 번도 현실에 만족해 게으른 생활을 하거나 '이만하면 됐지.'라는 생각으로 대충 살아간 적이 없습니다. 핑계나 변명은 호날두에 통하지 않습니다. 주어진 상황에서 최선을 다하는 것이 그의 생각입니다.

세상에서 가장 큰 아픔을 겪은 상황에서도 호날두는 자신이 해야 할 일을 외면하지 않았고 무엇이 최선인지를 고심해 결단을 내렸습니다.

호날두의 가족에 대한 사랑은 유명합니다. 축구 선수로 성공한 후 호날두는 모든 가족들의 생활을 보살피고 있습니다. 맨유에 입단하면서 큰돈을 벌게 됐을 때 그는 어머니께 전화를 걸어 "어머니! 더 이상 일하시지 않아도 돼요!"라고 기쁜 소식을 전했고 수입의 대부분을 어머니에게 드릴 정도의 효자입니다.

호날두는 큰누나 엘마에게는 자신의 이름과 등 번호를 딴 'CR 7'이라는 의류 매장을 차려줬습니다. 음악을 좋아하던 둘째 누나 카티야는 호날두의 지원으로 '호날다'라는 이름으로 가수 생활을 하고 있습니다. '호날다'는 동생의 이름에서 따온 것입니다.

이렇게 끔찍하게 가족을 위하는 호날두는 2005년 9월 러시아와의 2006 독일 월드컵 유럽 지역 예선 원정 경기를 앞두고 충격적인 소식을 접했습니다. 경기를 하루 앞두고 병을 앓던 아버지께서 돌아가신 것입니다.

모스크바에서의 경기를 하루 앞두고 호날두는 훈련을 마치고 방에서 영화를 보며 쉬고 있었습니다. 그때 누군가 방문을 두드렸습니다.

"호날두, 감독님이 좀 보자고 하셔."

당시 포르투갈 대표팀을 이끌던 루이스 필리페 스콜라리 감독은 알렉스 퍼거슨 감독 이상으로 호날두를 아껴주던 분이었습니다.

'경기에 대해서 무슨 하실 말씀이 있나?' 하는 생각으로 방문을 열고 들어선 호날두는 스콜라리 감독의 표정이 좋지 않은 것을 알아챘습니다.

"감독님, 무슨 일이라도 있으신 건가요?"

한참을 뜸들이던 스콜라리 감독은 무겁게 말문을 열었습니다.

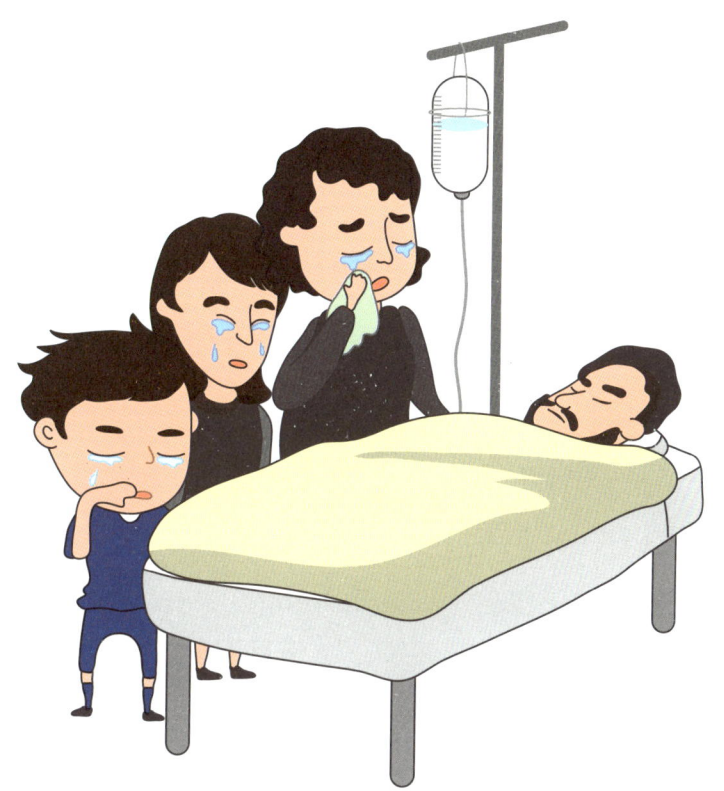

 "하필 이런 소식을 지금 전하게 되어서 안타깝네. 병원에 계시던 아버님께서 돌아가셨다는 연락이 왔네."

 멍하니 자신을 바라보는 호날두에게 스콜라리 감독은 힘들게 말을 이었습니다.

 "비행기 표를 알아봐 줄 테니 어서 가족들에게 돌아가도록 해. 나도 아버지께서 돌아가셔서 자네 마음이 어떨지 잘 아네. 경기는 신경 쓰지 않아도 돼."

호날두는 슬픔이 밀려오는 중에도 아버지를 생각했습니다. 어렸을 때부터 축구를 잘하는 막내아들을 늘 자랑스러워하시던 아버지. 경기에서 골을 터트리면 조촐한 파티상을 차려 놓고 자신을 기다리던 자상한 아버지. 그런 아버지는 이미 하늘나라로 떠나셨지만 중요한 경기를 포기한다면 슬퍼하실 것이라는 생각이 들었습니다.

호날두는 눈물을 훔치고 말했습니다.

"아니오. 저는 남겠어요. 아버지께는 경기를 치른 후에 가겠습니다."

스콜라리 감독은 호날두를 설득했습니다.

"가족이 우선이라는 걸 잊으면 안 돼. 축구도 가족이 있는 다음의 일이다."

그러나 호날두의 뜻은 이미 정해진 다음이었습니다.

"아닙니다. 아버지는 제가 내일 경기에서 열심히 뛰는 걸 원하십니다. 아버지를 위해 뛰겠어요."

결국 호날두는 러시아와의 경기에 나서 끝까지 운동장을 지켰고 포르투갈은 0 대 0으로 비기며 본선 진출의 마지막 고비를 넘겼습니다.

호날두는 지금도 집안 곳곳에 아버지의 사진을 붙여 놓고 지냅니다. 항상 아버지의 모습이 눈에 들어올 수 있도록 한 것입니다. 그는 아버지

가 하늘나라에서 항상 자신을 내려다보고 있다고 믿고 지낸다고 합니다. 누나 카티야가 아버지를 그리며 부른 노래 가사를 직접 만들기도 했습니다.

　호날두가 어려운 고비를 맞아서도 매번 용기를 잃지 않고 극복해내는 힘은 '아버지가 지켜보고 있다.'는 믿음에서 비롯되는지도 모르겠습니다.

야유를 환호로 바꿔 놓은 집념

2006년 독일 월드컵 본선에서 포르투갈은 4강에 오르는 좋은 성적을 올렸습니다. 포르투갈이 월드컵 대회 본선에서 4강에 오른 것은 1966년 이후 40년 만의 일이었고, 잉글랜드와의 8강전이 가장 큰 고비였습니다.

호날두는 이 경기에서 승리를 위해 너무 몰입한 나머지 잉글랜드 축구 팬들의 분노를 사게 되었습니다.

맨유에서 같이 활약하고 있던 호날두의 동갑내기 친구인 웨인 루니의 퇴장을 유도했다는 오해를 받은 것입니다. 뛰어난 선수 구성에도 불구하고 월드컵마다 기대에 미치지 못한 잉글랜드 대표팀에 대한 원망이 호날두에게 쏠리게 된 겁니다. 잉글랜드 사람 모두가 호날두를 비난하는 목소리가 높아졌습니다. 잉글랜드 축구팬들은 호날두를 배신자로 취급했지만 자신의 조국을 위해 최선을 다했을 뿐인 호날두로서는 이해할 수 없는 상황이었습니다.

심지어는 '가만히 두지 않겠다.'는 협박 편지가 날아들었고, 화난 축구팬이 돌을 던져 호날두의 집 유리창이 깨지는 일까지 벌어졌습니다. 시간이 지나도 팬들의 화는 가라앉지 않았습니다. 호날두는 실망스러웠습니다. 잘못한 것도 없이 욕을 먹고 협박을 당해야 하는 잉글랜드로는 돌아가고 싶지 않았습니다. 포르투갈의 알가르베라는 곳에서 휴식을 취하며 마음을 정리하고 있을 무렵, 퍼거슨 감독이 직접 호날두를 찾아왔습니다.

퍼거슨 감독은 걱정하지 말고 맨체스터로 돌아가자고 설득했습니다.

"잉글랜드 팬들은 아무런 해도 끼치지 못해. 기껏해야 운동장에서 야유를 보내는 것 정도겠지. 충분히 이겨낼 수 있어. 걱정하지 않아도 돼. 넌 잘해낼 수 있어."

호날두의 에이전트이자 형 같은 존재인 호르헤 멘데스도 호날두를 격려했습니다.

"돌아가서 네가 어떤 사람인지를 모두에게 보여주자고. 너에게 쓸데없이 험담하고 욕하는 사람들의 입을 실력으로 다물게 하는 거야."

아버지와 형 같은 사람들의 말에 호날두는 맨체스터로 돌아가기로 마음을 굳혔습니다. 그러나 맨유의 홈구장인 올드 트래퍼드 외에 가는 곳마다 야유가 쏟아졌습니다. 차마 입에 담기도 민망한 욕설을 퍼붓는 사람들도 있었습니다. 그래도 호날두는 야유에 주눅이 들기는커녕 오히려 이를 악물었습니다.

'오냐 마음대로 지껄이고 떠들어 봐라. 나는 너희가 응원하는 팀을 납작하게 눌러줄 테니.'

그리고 호날두는 2006~2007시즌 최고의 활약을 펼치면서 그에 대한 잉글랜드 팬들의 야유를 찬사로 돌려놓았습니다. 호날두는 2006~2007시즌 총 53경기에서 23골을 터트렸고 맨유 입단 후 처음으로 잉글랜드 프리미어리그 우승을 차지했습니다. 시즌 종료 후 그에게 비난을 퍼붓던 모든 사람들은 호날두의 실력을 인정할 수밖에 없었습니다.

호날두는 잉글랜드 프리미어리그 최우수 선수와 가장 앞날이 밝은 선수에게 주는 '베스트 영 플레이어', 팬들이 뽑은 최우수 선수, 축구 기자들이 선정한 최우수 선수를 모두 휩쓸었습니다. 잉글랜드 축구 사상 4개

의 트로피를 한꺼번에 받은 선수는 호날두가 처음이었습니다.

호날두는 2007~2008시즌 더욱 완벽한 성적을 남겼습니다.

호날두는 2007~2008시즌 잉글랜드 프리미어리그에서 31골, 유럽축구연맹(UEFA) 챔피언스리그에서 8골, 컵 대회에서 3골을 터트리며 총 42골을 기록, 1960년대 활약했던 맨체스터 유나이티드의 전설인 조지 베스트가 가지고 있던 측면 공격수 최다 골(1967~1968 · 32골) 기록을 훌쩍 넘어섰고, 잉글랜드 프리미어리그 득점왕과 UEFA 챔피언스리그 득점왕을 석권했습니다.

유럽 리그 전체에서 가장 많은 골을 넣은 선수에게 주는 유러피언 골든부트도 호날두의 차지였고 정규리그에 이어 UEFA 챔피언스리그 정상에 오르는 감격까지 안았습니다. 2009년 1월에는 FIFA 올해의 선수까지 거머쥐며 생애 최고의 순간을 누렸습니다.

쏟아지는 야유와 팬들의 조롱에 굴복하지 않은 대가였습니다.

레알 마드리드에 이적한 후에도 상황은 크게 다르지 않았습니다. 호날두가 가는 곳마다 악의적인 팬들은 야유를 퍼붓기에 바빴습니다. 그에 대한 기대가 너무나 큰 탓인지 가끔은 홈 팬들마저 호날두에 등을 돌릴 때가 있습니다. 지금도 그가 변함없이 자신을 성원해주던 맨체스터

유나이티드와 알렉스 퍼거슨 감독이 그리워서 잉글랜드로 돌아가려고 한다는 소문이 끊임없이 나돌고 있습니다.

하지만 호날두는 최고의 자리를 되찾기 전까지는 레알 마드리드를 떠나지 않을 것으로 보입니다. 리오넬 메시에게 번번이 밀린 상태에서 스페인을 떠나는 것은 결코 그의 자존심이 용납하지 않을 것입니다.

호날두는 2011~2012시즌 스페인 프리메라리가에서 정상에 오르며 바르셀로나를 상대로 한, 명예 회복 1탄을 완성했습니다. 2탄은 유럽축구연맹(UEFA) 챔피언스리그 정상입니다.

레알 마드리드는 2002년 이후 UEFA 챔피언스리그에서 우승을 차지하지 못했습니다. 우승은 구단 관계자들과 팬의 숙원입니다. 호날두는 레알 마드리드에서 유럽 챔피언에 오른다면 또다시 새로운 도전을 찾아 떠날 수도 있습니다.

맨체스터 유나이티드 시절에도 그랬으니까요.

호날두는 2007~2008시즌 맨체스터 유나이티드를 잉글랜드 프리미어리그와 UEFA 챔피언스리그 정상에 올려놓은 후 오랜 꿈이었던 레알 마드리드로 떠나겠다는 뜻을 밝혔습니다. 퍼거슨 감독이 나서서 만류했지만 결국 한 시즌을 더 머물게 하는 것으로 만족해야 했습니다.

호날두가 레알 마드리드 구단의 10년 묵은 한을 풀어낼 수 있을지 주목됩니다.

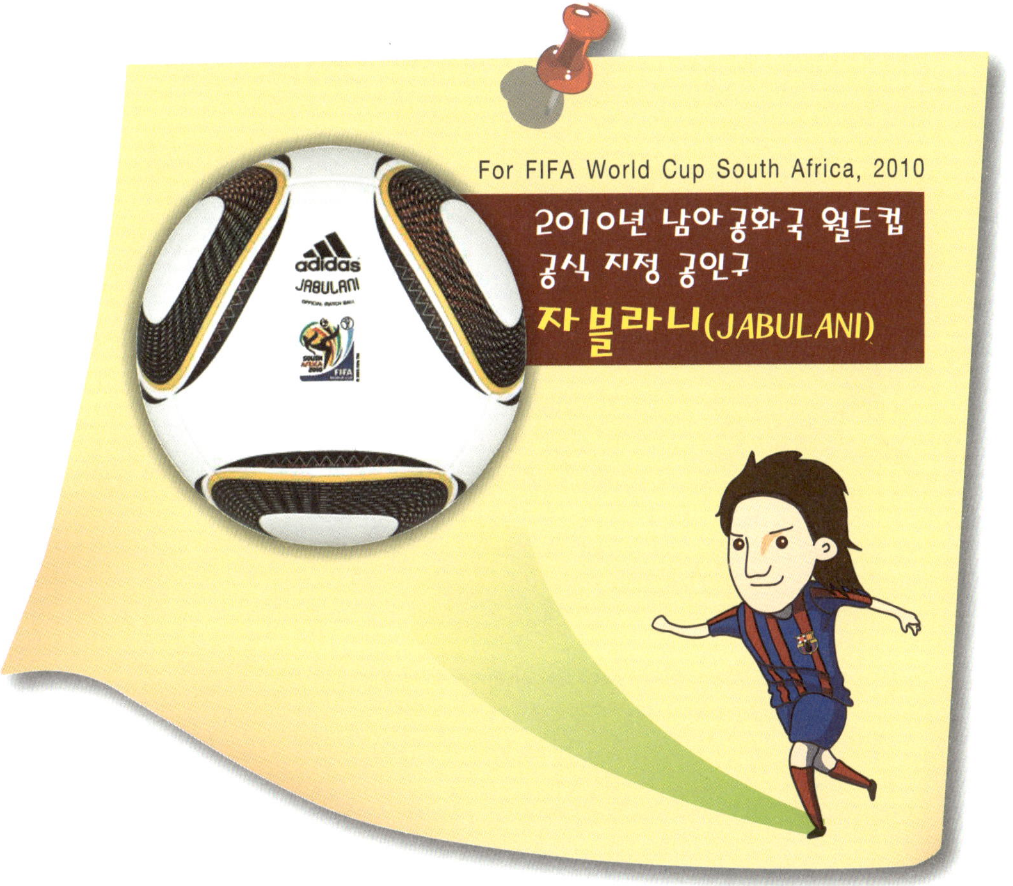

For FIFA World Cup South Africa, 2010

2010년 남아공화국 월드컵 공식 지정 공인구
자블라니(JABULANI)

희망과 용기의 전도사

크리스티아누 호날두와 리오넬 메시의 공통점 가운데 하나는 두 사람 모두 '기부 천사'라는 것입니다. 두 사람은 어려운 이웃과 병을 앓고 있는 어린이들을 돌보는 데에 전력을 쏟고 있습니다. 본인들이 여러 가지 어려움을 극복하고 최고의 자리에 오른 것처럼 힘든 환경에 처해 있는 어린이들에게 용기와 희망을 주기 위해 최선을 다하고 있습니다.

호날두는 정기적으로 암을 앓고 있는 어린이들을 방문해 격려합니다. 고통을 겪고 있는 어린이들이 마음을 상하는 일이 없도록 말 한 마디 한 마디에 세심하게 신경을 쓰는 장면이 다큐멘터리를 통해 방영되어 감동

을 자아내기도 했습니다.

　우리는 몸에 문신을 새겨 넣은 선수들을 흔하게 볼 수 있습니다. 문신을 새기는 가장 큰 이유는 패션을 위해서입니다. 호날두는 둘째가라면 서러워할 멋쟁이입니다. 특히 패션에 관심이 많아서 선수에서 은퇴한 후에 패션과 관련한 일을 해보고 싶다는 목표를 밝히기도 했습니다. 그러나 호날두는 몸에 문신을 하지 않았습니다. 정기적으로 하는 헌혈에 지장이 있기 때문이라고 합니다. 문신을 할 경우 약 1년간 헌혈을 하지 못합니다. 이웃을 돕기 위한 호날두의 진심을 확인할 수 있는 좋은 사례입니다.

　호날두는 2011~2012 스페인 프리메라리가 최종전에 암과 싸우고 있는 아홉 살 난 소년과 그 가족을 초대해 용기를 북돋아 주기도 했습니다. 누하제트라는 이름의 이 소년은 암세포가 온몸으로 퍼져 힘겨운 투병생활을 하고 있었습니다. 누하제트의 안타까운 사연을 알게 된 호날두는 치료에 드는 비용 일체를 자신이 부담하겠다는 뜻을 전했고 마요르카와의 정규리그 마지막 경기에 누하제트 가족을 초청하여 자신의 개인전용 스카이 박스에서 경기를 관람할 수 있도록 했습니다. 여행 경비 전액을 자신이 부담한 것은 물론입니다.

호날두는 경기를 앞두고 누하제트를 직접 만나 격려했고 경기에서 골을 터트릴 경우 누하제트에게 바치겠다는 약속을 했습니다. 호날두는 선제골을 터트렸고 누하제트를 위해 멋진 골 세리머니를 펼쳤습니다.

　호날두는 이집트와 팔레스타인의 어린이들을 위한 후원도 지속적으로 펼치고 있습니다. 특히 2010~2011시즌 유럽 축구리그에서 가장 많은 골을 기록한 선수에게 수여하는 유러피언 골든 부트상의 순금 트로피를 경매에 붙였고, 수익금 전액을 팔레스타인 학교 건립 기금으로 내놓았습니다. 2009년에는 어머니가 유방암 수술을 받았던 고향 마데이라의 병원에 10만 파운드(1억 7,000만 원)를 기부했습니다. 어머니의 병을 치료해준 것에 감사하는 의미로 시설을 개선하는 자금으로 써달라는 의미였습니다.

　메시는 자신의 이름을 딴 리오넬 메시 재단을 만들어 병을 앓고 있는 아르헨티나 어린이들을 돕고 있습니다. 성장 호르몬 결핍이라는 희귀 질환에 걸려 치료비를 댈 방법이 없어 스페인까지 갔던 경험이 있는 메시는 아르헨티나에서 비용 문제로 적절한 치료를 받지 못하는 어린이들을 스페인으로 초청해 병을 고쳐주고 있습니다. 물론 스페인을 오가는

비용과 치료비는 모두 메시가 부담합니다.

자신이 처음으로 몸담았던 고향 팀 뉴웰스 올드보이스에는 유소년 선수들의 훈련 센터를 새롭게 지어줬습니다. 국경을 초월해 어려운 어린이들을 돕는 국제연합(UN) 산하의 특별 단체인 유니세프의 홍보 대사로 활동하고 있기도 합니다.

지난 6월에는 성장 호르몬 장애를 앓고 있지만 집이 가난해 치료를 받지 못하고 있는 모로코의 어린이가 완전히 자라날 때까지 치료비를 지원하기로 한 사실이 알려져 화제가 되기도 했습니다. 왈리드 카샤라는 이름의 이 어린이는 키가 자라나지 않아 축구 선수의 꿈을 이루지 못할 위기에 처했고 이 사연을 알게 된 메시는 앞으로 6년간 매달 60만 원 정도 드는 치료비를 자신이 책임지겠다고 나섰습니다.

메시는 또 고국 아르헨티나의 소외 계층 어린이들의 생활환경을 개선하기 위해 병원과 학교, 스포츠 시설 등의 건립을 지원하고 있기도 합니다.

메시와 호날두는 '희망 전도사'입니다.

어려운 역경을 이겨내고 세계 최고의 자리에 오른 그들의 이야기를

본 여러분들이 희망과 용기를 품을 수 있었으면 좋겠습니다.

미래는 도전하는 사람의 것입니다. 메시와 호날두의 성공 사례가 이것을 증명합니다.

메시가 바르셀로나로 이주한 후에 초반에 겪은 어려움을 견디지 못하고 아르헨티나로 돌아가자는 부모님의 말에 따랐거나, 호날두가 가족들과 떨어져서 스포르팅 CP에서 기숙사 생활을 하는 외로운 생활을 이겨내지 못했더라면 오늘날과 같은 대스타가 될 수 없었을 것입니다. 그들이 힘든 생활을 버텨낼 수 있었던 것은 희망과 용기를 지니고 있었기 때문입니다.

축구장에서도 축구장 밖에서도 메시와 호날두는 전 세계 사람들에게 희망과 용기를 전하고 있습니다. 이들의 환상적인 플레이를 보고 감탄만 할 것이 아닙니다. 이들의 눈부신 플레이 뒤에는 뼈를 깎는 고통과 이를 극복한 용기, 피와 땀과 눈물 나는 노력이 있었습니다.

여러분도 꿈과 희망을 갖고 원하는 것에 도전해보세요.

이루고 싶은 것이 있습니까? 반드시 되고 싶은 꿈이 있어요? 그렇다면 망설이지 말고 도전하세요. 희망을 가지세요. 용기를 내세요.

여러분 앞에는 미래가 있습니다. 메시, 호날두 이상의 뛰어난 사람이

될 수 있는 희망의 싹은 여러분 모두의 가슴속에 있습니다. 그 싹을 키우고 열매를 맺게 하는 것은 여러분의 마음가짐에 달려 있습니다.

For FIFA World Cup Brasil, 2014
2014년 브라질 월드컵
공식 지정 공인구
브라주카(Brazuca)
★★ 공인구 디자인은 2014년 발표 예정.